Martha Smock

Fürchte dich nicht – vertraue!

Martha Smock

Fürchte dich nicht – vertraue!

Zusammengestellt von Jeanne Allen

FRICK VERLAG GmbH - Postfach 447
D-75104 PFORZHEIM

Die Deutsche Bibliothek - CIP-Einheitsaufnahme

Smock, Martha:
Fürchte dich nicht - vertraue! / Zsgest. von Jeanne Allen. [Aus dem
Amerikan. von Felicitas Jung]. - Dt. Erstausg. -
Pforzheim : Frick, 1997
ISBN 3-920780-61-2

Titel der Originalausgabe: Fear Not!

Aus dem Amerikanischen
von Felicitas Jung

Deutsche Erstauflage 1997

Herausgegeben mit Genehmigung
der Unity School of Christianity, Unity Village, MO., USA,
im FRICK VERLAG GmbH, Postfach 447, D-75104 Pforzheim.

Inhaltsverzeichnis

Fürchte dich nicht!

Die Worte *Fürchte dich nicht* haben einen biblischen Klang, und das hat seinen guten Grund, denn diese Wendung zieht sich durch die ganze Bibel. *Cruden's Vollständige Konkordanz* listet diese Wendung als 79mal vorkommend auf.

Die Bibel sagt uns nicht, wir sollten niemals ohne Furcht sein. Aber wieder und wieder wird uns die Zusicherung gegeben: „Fürchte dich nicht." Im Alten wie im Neuen Testament werden diese Worte in Träumen, in Visionen gesprochen; sie werden von Engeln und von Propheten gesprochen; sie werden von Jesus gesprochen. Sie sind Gottes Wort an alle, die aus irgendeinem Grund Angst haben.

Daß diese Zusicherung in der ganzen Bibel so oft gegeben wird, sagt uns etwas über uns und unsere Beziehung zu Gott.

Wir mögen aus diesem oder jenem Grunde für Furcht anfällig sein, aber wir brauchen uns ihr nicht zu beugen. Es mag sein, daß wir arbeiten müssen, um unsere Furcht zu überwinden, aber es gibt immer etwas in uns, das uns drängt, der Furcht nicht nachzugeben, das sagt: „Fürchte dich nicht."

Warum fürchten wir uns? Was fürchten wir?

Manchmal meinen wir, wir hätten jegliche Furcht überwunden; dann passiert etwas, und ohne Vorwarnung und zu unserem Entsetzen fühlen wir uns furchtsam und ängstlich.

Vielleicht ist es ein körperlicher Zustand, der uns Angst einflößt.

Vielleicht ist es eine unerwartete Veränderung der Umstände, die uns unmittelbar mit unbekannten Situationen, mit fremden Orten und mit Menschen, die Fremde sind, konfrontiert, die bewirkt, daß wir uns unsicher und unruhig fühlen.

Vielleicht ist unsere Sicherheit bedroht, und wir befürchten, daß wir nicht genug haben werden, um für unsere Bedürfnisse zu sorgen.

Vielleicht fürchten wir für einen anderen Menschen. Wir sind beunruhigt über den Gesundheitszustand eines Angehörigen oder wir fürchten für seine Sicherheit, oder ein geliebter Mensch kommt nicht zu dem Zeitpunkt an, an dem wir ihn erwartet haben, und wir beginnen, uns düstere Geschehnisse auszumalen.

Wenn wir solche Gefühle der Furcht haben, besonders dann, wenn wir schon geglaubt hatten, wir hätten die Furcht überwunden, können wir dankbar sein, daß diese Ängste an die Oberfläche getreten sind, weil wir damit die Gelegenheit haben, unseren Glauben und unsere Furchtlosigkeit neu zu bekräftigen und auch nur die Spur einer Befürchtung zu verbannen.

Kein Mensch ist jemals vollkommen ohne Furcht gewesen, aber jeder Mensch kann lernen, mit der Furcht umzugehen, wenn sie hochkommt, kann Furcht in Glauben, in Mut, in positive Gedanken, Gefühle und Handlungen verwandeln.

„Fürchte dich nicht" ist eine Zusicherung, die nicht nur die Schwachen oder Wankelmütigen brauchen; es ist eine Zusicherung, die die Tapferen, die Starken und die Mutigen brauchen.

Wir sehen manchmal einen Menschen, der die Situation im Griff zu haben scheint, der niemals Angst zu haben scheint, und wir denken, dieser Mensch habe nie Furcht gekannt. Er hat wahrscheinlich Furcht kennengelernt, aber hat gelernt, mit ihr umzugehen, sie zu überwinden, die angsteinflößende Situation zu einer Gelegenheit zu machen, die Macht Gottes zu beweisen, zu einer Gelegenheit, die Macht Gottes, den Mut Gottes in Stärke und Macht durch sich hindurchfließen zu lassen.

Denken wir über einige der „Fürchte dich nicht" in der Bibel nach. Wir sind mit vielen dieser Zusicherungen vertraut.

Haben wir Angst, allein zu sein?

Fürchte dich nicht, denn ich bin mit dir! ... Denn ich, der Herr, bin dein Gott, der deine Rechte faßt, der zu dir spricht: Fürchte dich nicht; ich helfe dir. (Jes. 41:10-13)

Es gibt Zeiten in unserem Leben, in denen wir uns allein finden, wo wir mit etwas allein fertig werden müssen. Aber wir sind nie allein. Gott ist bei uns. Wir haben nichts zu fürchten.

Sind wir von Furcht erfüllt wegen unserer Gesundheit?
Stärket die schlaffen Hände und festigt die wankenden Knie!
Sagt zu denen, die verzagten Herzens sind: Seid getrost, fürchtet euch nicht! (Jes. 35:3-4)

Was immer der Zustand sein mag, wir haben nichts zu fürchten, denn wir leben mitten in Gottes Leben. Gottes heilende Kraft ist mitten in uns mächtig, um jede Krankheit zu heilen. Gottes heilende, liebevolle Gegenwart umfängt uns.

Haben wir Angst davor, nicht geliebt, nicht gebraucht zu werden?
Darum fürchtet euch nicht! Ihr seid mehr wert als viele Sperlinge. (Matt. 10: 31)

Wir sind einzigartige und wundervolle Kinder Gottes, von Gott geliebt, für Gott und für Gottes Welt wichtig und von Gott und der Welt gebraucht. Da wir dies wissen, fürchten wir uns nicht.

Haben wir Angst davor, unwürdig zu sein?
Fürchte dich nicht, denn du wirst nicht zuschanden, und stehe nicht beschämt, denn du mußt nicht erröten. (Jes. 54:4)

Manchmal tragen Leute Gedanken der Schuld und der Unwürdigkeit mit sich herum und haben das Gefühl, es könne ihnen nicht vergeben werden. Aber Gott sieht uns als würdig an. Gottes liebevolle Vergebung wird auf alle ausgegossen. Gottes Liebe sagt zu jedem, der sich unwürdig fühlt: „Fürchte dich nicht, du bist von der Vergangenheit befreit. Du kannst von neuem anfangen."

Haben wir Angst vor den Leuten?
Fürchtet euch nicht vor dem Schmähen der Menschen. (Jes. 51:7)
Fürchtet euch nicht! Bin ich denn an Gottes Statt? (1. Mose 50:19)

Wir haben keine Angst vor anderen Menschen, wenn wir uns daran erinnern, daß auch sie Kinder Gottes sind, wenn wir den Christus in ihnen ebenso wie in uns selbst sehen. Wir fühlen uns in Harmonie mit anderen Menschen, und die Liebe Gottes in unseren Herzen treibt alle Furcht aus.

Haben wir Angst davor, eine Entscheidung zu treffen, irgendeinen Schritt zu unternehmen, von dem wir das Gefühl haben, er sei richtig?

Geh fest und unentwegt ans Werk, furchtlos und unverzagt; denn Gott, der Herr, mein Gott, wird mit dir sein! Er wird die Hand nicht von dir abziehen, noch dich verlassen (I. Chron. 28:20)

Wir finden es einfach, Entscheidungen zu treffen, ohne Furcht oder Zögern zu handeln, wenn wir wissen, daß Gott mit uns ist, daß Gottes Weisheit uns führt, daß Gottes Licht vor uns herleuchtet, um unseren Weg zu erhellen.

Haben wir Angst, daß unsere Gebete nicht erhört worden sind?

Fürchte dich nicht; denn Gott hat ... gehört (1. Mose 21:17)

... ich will mit dir sein und will dich segnen (1. Mose 26:3)

Wir können all unsere Bedürfnisse und Probleme liebevoll in Gottes Obhut geben, wissend, daß, noch ehe wir beten, Gottes Antwort bereits da ist. Wir haben nichts zu befürchten, denn Gott ist unsere Hilfe in jeder Not, die vollkommene Antwort auf jedes Gebet.

Haben wir Angst, ungerecht behandelt zu werden? Haben wir Angst vor dem Ausgang irgendeiner Situation?

Fürchtet euch nicht! Haltet stand, so werdet ihr sehen, wie der Herr euch heute helfen wird (2. Mose 14:13)

Wir haben nichts zu fürchten, wenn wir unser Vertrauen in Gott setzen, wenn wir fest in unserem Glauben an Gottes göttliches Gesetz der Gerechtigkeit bleiben, wenn wir wissen, daß sich alle Dinge für uns und für alle Betroffenen auf richtige und vollkommene Weise entwickeln.

Haben wir Angst vor Mangel?

Fürchte dich nicht, du kleine Herde! Denn es hat eurem Vater gefallen, euch das Reich zu geben. (Luk. 12:32)

Wenn wir erkennen, daß Gottes Fülle auf uns ausgegossen wird, daß es keinen Mangel in Gott gibt, keine Grenze für Gottes Vorsorge für uns, dann werden wir keine Furcht haben. Wir wissen, daß für unsere Bedürfnisse gesorgt werden wird, daß wir reichlich übrig haben werden und genügend, um es mit anderen zu teilen.

Wann immer wir aus irgendeinem Grunde von Furcht erfüllt sind, erinnern wir uns an diese beruhigenden Worte: „Fürchte dich nicht."

Wir sollten nicht entmutigt sein, wenn wir gelegentlich daran arbeiten müssen, keine Angst zu haben. Wir können zurückblikken und sehen, wie wir durch solche Zeiten gewachsen sind. Die Zeiten, in denen wir voller Furcht waren, jedoch den Mut fanden, uns der Furcht zu stellen und sie zu überwinden – waren dies nicht Zeiten des spirituellen Wachstums, Zeiten, für die wir dankbar sein können?

Furcht an sich hat keine Macht außer der Macht, die wir ihr durch unsere Gedanken geben. Wir nehmen ihr die Macht, wir schlagen sie in die Flucht und vernichten sie, wenn wir erkennen, daß es nichts zu fürchten gibt, daß wir nie allein sind, daß immer Gott mit uns ist.

Gott in uns sagt zu uns: „Fürchte dich nicht!"

Fürchte dich nicht! Ich bin der Erste und der Letzte und der Lebendige (Off. 1:17)

Fürchte dich nicht, denn ich habe dich erlöst; ich habe dich bei deinem Namen gerufen; du bist mein! (Jes. 43:1)

Worte, ein Aufruf an den Mut

Manchmal wird eine Zeile oder sogar ein Satz, der im richtigen Augenblick gesprochen wird, unvergeßlich. Er wirkt als ein 'Ruf zum Sammeln' an den Mut. Am 4. März 1933, mitten in der tiefsten Depression, sagte Franklin Delano Roosevelt in seiner ersten Ansprache nach der Wahl: *Die einzige Sache, die wir zu fürchten haben, ist die Furcht selbst.* Diese Worte waren ein Sammelruf an den Mut, sehr nötig in dieser Stunde!

Denke über die Macht von Worten nach, wie sie ein Sammelruf an den Mut sein können. So halfen mir z.B. die Worte *Gott ist mein Alles, ich kenne keine Furcht* aus dem „Gebet des Glaubens", Kindheitsängste zu überwinden. Dieses sind Worte, zu denen man sich hinwenden kann, wenn Mut gebraucht wird: *Gott ist mein Alles, ich kenne keine Furcht.* Eine einfache Glaubensaussage – ein Sammelruf an den Mut.

Lowell Fillmore erzählte einmal davon, wie er versuchte, einem Mann zu helfen, der zur Beratung zu ihm gekommen war. Lowell sagte, daß der Mann, egal was er sagte, einfach nur dasaß, niedergeschlagen, unempfänglich, furchterfüllt. Schließlich sagte Lowell, schon fast verzweifelt: „Nun ja, Sie wissen, am dunkelsten ist es immer vor der Morgendämmerung." Die Augen des Mannes leuchteten auf, er sprang auf, schüttelte Lowell die Hand und rief aus: „Das zu hören, darauf habe ich gewartet!" Was für einige eine banale Feststellung gewesen sein könnte, war sein Sammelruf an den Mut!

Bejahungen der Wahrheit sind Sammelrufe an den Mut. Eine katholische Nonne vertraute mir an, daß sie in den Augen der Welt eine alte Nonne sei, die sich zur Ruhe gesetzt hat. Ihr Aufruf an den Mut ist die Bejahung: *Ich bin der sich ewig erneuernde, ewig entfaltende Ausdruck des unendlichen Lebens.* Sie sagt: „Ich fühle mich jung, vital, wachsend."

Es war ein Sonntagabend. Ich war bei einem Treffen junger

Leute – ein unglücklicher Teenager, der die Wehen einer zerbrochenen Romanze durchmachte. Wir sangen eine bekannte Hymne, als ich wie zum ersten Mal die Worte hörte: *Sei nicht betrübt, was auch geschieht, Gott wird für dich sorgen.*

Sie waren mein Sammelruf an den Mut. Bis heute fühle ich, wenn ich diese Hymne und die Worte höre: *Sei nicht betrübt, was auch geschieht,* von neuem die Kraft und die Erneuerung des Geistes, die ich an jenem lange zurückliegenden Sonntagabend erfuhr.

Die Bibel ist voll von Aufrufen an den Mut. Die Worte: „*Seid fest und unentwegt, fürchtet euch nicht und lasset euch nicht vor ihnen grauen! Denn der Herr, dein Gott, er zieht mit dir; er wird die Hand nicht von dir abziehen und dich nicht verlassen*" (5. Mose 31:6) sind ein Ruf zum Sammeln an den Mut. Was gibt es zu fürchten? Gott ist mit dir, was du auch tust, wohin du auch gehst. Du bist nicht allein, du bist niemals ohne Hilfe.

Es wird die Geschichte von einer Frau erzählt, die von zwei Männern angehalten wurde, als sie auf einer dunklen Straße nach Hause ging. Ihr Sammelruf an den Mut in diesem schreckenerregenden Augenblick war aus dem 91. Psalm. Sie sagte mit lauter Stimme zu ihnen: „*Er bedeckt mich mit seinem Fittig! Er bedeckt mich mit seinem Fittig!*" Der eine von den Männern sagte zu dem anderen: „Sie ist verrückt! Laß sie in Ruhe."

Als Kind hatte ich Angst vor Hunden, besonders vor Hunden, die bellten. Ich bin mir nicht bewußt, versucht zu haben, diese Furcht zu besiegen. Ich tat mein Bestes, um Hunden aus dem Weg zu gehen, was sogar so weit ging, daß ich lieber ganze Häuserblocks von meinem Weg abwich, als einem zu begegnen. Eines Tages, als ich nach Hause ging, tauchte ein Hund auf und begann zu bellen. Plötzlich kamen mir blitzartig die Worte in den Sinn: *Vollkommene Liebe treibt die Furcht aus.* Diese Worte waren für mich ein Sammelruf an den Mut, und ich ging tapfer auf meinem Weg weiter. Der Hund erwies sich als freundlich. *Vollkommene Liebe treibt die Furcht aus.* Das trifft auf jede Art von Furcht zu – Furcht vor Hunden, Furcht vor dem Fliegen,

Furcht vor Aufzügen und hochgelegenen Plätzen, Furcht vor Menschen. *Furcht ist nicht in der Liebe, sondern die vollkommene Liebe treibt die Furcht aus* (I. Joh. 4:18) – ein Aufruf an den Mut! Wir brauchen keine Angst zu haben. Gottes Liebe ist in unseren Herzen, und Liebe treibt die Furcht aus. Liebe ist stärker als Furcht, Liebe ist mächtiger als Furcht, Liebe kennt keine Furcht.

Der 23. Psalm ist durch die Jahrhunderte hindurch für viele Menschen ein Sammelruf an den Mut gewesen. Er ist für uns heute ein Aufruf an den Mut, wenn wir Trost und Kraft brauchen, wenn wir einem Verlust begegnen, wenn unser Weg dunkel erscheint. Gott zeigt uns grüne Weiden. Er führt uns zum stillen Wasser; Er erquickt unsere Seelen. Auch wenn wir durch das Tal des Todesschattens gehen, gibt es nichts zu fürchten. Gott ist mit uns, um uns aufrechtzuhalten und uns beizustehen. Gottes Güte und Gnade werden alle Tage unseres Lebens und während der ganzen Ewigkeit mit uns sein.

Charles Fillmores Worte: *Niemand erlebte je eine Niederlage, der in der Stunde seiner Not die Allmacht von Gott in Christus bejahte,* waren für mich ein Aufruf an den Mut, als ich einem ernsten Gesundheitsproblem gegenüberstand. Diese Worte halfen mir, mir ein Herz zu fassen, sie halfen mir, die Furcht zu überwinden, mich zu entschließen, die Macht Gottes, Heilungen zu bewirken, zu beweisen. Sie sagten nicht „Heilung", aber sie waren das, was ich zu diesem Zeitpunkt zu hören nötig hatte, um mir zu helfen, aufzustehen und für meine Gesundheit einzutreten.

Eine Frau, die krank und schwach war und der es an Kraft fehlte, fand den Bibelvers: *Der Schwache spreche: Ich bin stark!* (Joel 3:10). Es war ihr Sammelruf an den Mut. Sie begann zu bejahen: *Ich bin stark, ich bin stark,* und schließlich gewann sie ihre Stärke und Gesundheit zurück. Sie wurde Unity-Geistliche und war als solche viele Jahre lang tätig.

Bei Gott sind alle Dinge möglich (Matt. 19:26), ein Sammelruf an den Mut, wenn die äußeren Anzeichen alarmierend sind, wenn es so scheint, als sei irgendein Zustand hoffnungslos oder unheilbar! *„Bei Gott sind alle Dinge möglich.“* Diese Worte geben uns die Kühnheit zu sagen: „Ich werde mich nicht fürchten. Ich werde Vertrauen haben. Ich werde glauben. Ich werde an der Wahrheit festhalten. Nichts liegt außerhalb von Gottes Macht, es zu heilen.“

Gott hat uns keinen Geist der Furchtsamkeit gegeben, sondern einen Geist der Macht und der Liebe und der Selbstbeherrschung. Diese Worte können ein Sammelruf an den Mut sein, wenn wir furchtsam zögern, wenn wir verstört und beunruhigt sind, wenn wir zaghaft sind und uns vor Menschen und Situationen fürchten, wenn wir von Selbstzweifel erfüllt sind. Gott hat uns keinen Geist der Furchtsamkeit gegeben, sondern einen der Macht und Liebe und der Selbstbeherrschung. Gott hat uns einen mächtigen und liebevollen Geist gegeben; Gott hat uns die Fähigkeit gegeben, unsere Gedanken und Gefühle zu beherrschen. Gott hat uns den Glauben und den Willen gegeben, erfolgreich zu sein.

Ich lese einen kleinen Vers vor, der für mich als ein Sammelruf an den Mut gewirkt hat, als ich mehr Vertrauen brauchte – mehr Vertrauen in mich selbst, mehr Vertrauen in meine Fähigkeit, die Arbeit zu vollbringen, die ich zu tun hatte. Ich habe diesen Vers bzw. dieses Gebet, das er in Wirklichkeit ist, und der von Florence Taylor stammt, anderen mitgeteilt, die ebenfalls entdeckt haben, daß er den Glauben vermehrt und dem Geist Auftrieb gibt.

Ich danke Dir, Vater, für die Art
Wie Deine Hand mich heute geführt hat.
Am Morgen wachte ich voller Angst auf,
Meinen Problemen zu begegnen. Aber ich betete,
Und eins nach dem anderen wurde für jedes Bedürfnis
   gesorgt;
Denn Du hast mich bis jetzt noch nie im Stich gelassen.
Lieber Gott, von jetzt an will ich
Um starkes, bleibendes Vertrauen in Dich beten.

Wenn es etwas gibt, was du tun möchtest und tun solltest, was du dich aber zu tun fürchtest, dann tu diese Sache, und das Tun selbst wird dich frei machen. Diese Worte schienen mich aus der Seite heraus anzuspringen, als ich einmal zögerlich und furchtsam war. Sie waren ein Aufruf an den Mut. Tu die Sache, die du dich zu tun fürchtest, von der du aber weißt, daß du sie tun müßtest, und die Durchführung dieser Sache wird dich frei machen. Der Weg, um von Furcht frei zu sein, ist, im Vertrauen zu handeln. Furcht kann ihre gute Seite haben, wenn sie uns zwingt zu handeln, wenn sie einen Geist des Muts in uns wachruft, wenn sie uns herausfordert, uns ihr zu stellen. Der Sammelruf an den Mut ertönt immer und drängt uns, die Furcht beiseite zu fegen und entschieden und furchtlos zu handeln.

Als die Welt im Chaos zu liegen schien, während des Zweiten Weltkriegs in Dunkelheit gestürzt, waren für viele die folgenden Zeilen einer englischen Dichterin, M. Louise Haskins, ein Aufruf zum Mutsammeln:

Und ich sagte zu dem Mann, der an der Pforte des Jahres stand: „Gib mir ein Licht, daß ich sicher in das Unbekannte hinaustreten kann."
Und er erwiderte:
„Geh hinaus in die Dunkelheit und lege deine Hand in die Hand Gottes. Das wird dir besser sein als ein Licht und sicherer als ein bekannter Weg."
So ging ich aus und, da ich die Hand Gottes fand, schritt froh in die Nacht hinaus. Und Er führte mich zu den Hügeln und dem Anbruch des Tages im einsamen Osten.

Wir alle haben Zeiten, in denen wir unseren Weg nicht sehen können, in denen wir nur auf unser Vertrauen gestützt in die Dunkelheit hinausgehen müssen. Aber da wir die Hand Gottes finden, oder mit anderen Worten, weil wir Gottes Gegenwart bei uns und mit uns verspüren, werden wir sicher und zuverlässig aus der Dunkelheit heraus ins Licht geführt. Unser Vertrauen in Gott ist „besser als ein Licht und sicherer als ein bekannter Weg".

Deine Worte
können deine Welt ändern

Einmal war ich in einem Kaufhaus und wartete darauf, daß der Verkäufer meinen Einkauf aufriefe. Eine Frau trat an die Kasse heran, und der Verkäufer fragte: „Wie geht es Ihnen?" Die Frau antwortete: „Gut" und sagte dann: „Nein, eigentlich nicht!" Sie ging daran, alles ausführlich aufzuzählen, was mit ihr nicht stimmte. Ich bin sicher, sie war sich nicht bewußt, was für einen negativen Effekt das auf sie hatte, auf die Art und Weise, wie sie sich fühlte.

Es gibt ein kleines Lied, das mich an jenen Tagen aufmuntert, wenn mit der Welt alles in Ordnung ist, aber ganz besonders an denjenigen Tagen, an denen ich mich vielleicht nicht so stark, so vital, so fröhlich im Hinblick auf das Leben fühle, wie ich es, wie ich weiß, sollte:

Es geht mir wunderbar, es geht mir wunderbar,
denn dies ist ein herrlicher Tag!
Es geht mir wunderbar, es geht mir wunderbar,
und so werde ich bleiben!

Diese Worte sind wie ein kleines Gebet, eine kleine Bejahung des Lebens und des Wohlbefindens, und sie vor mich hinzusingen, sie mir zu wiederholen, hat den Tag für mich verändert, hat mich aus dem Gefühl, daß etwas fehlt, herausgehoben.

Unser Körper reagiert auf unsere Gedanken und Gefühle, auf unsere Worte. Die Zellen unseres Körpers hören zu, sind bereit, auf Worte des Glaubens, der Freude und des Lebens zu antworten.

Bejahungen der Wahrheit erinnern uns auf machtvolle Weise an das große Potential zu freudigem, gesundem, erfolgreichem Leben, das in uns liegt. Diese Bejahungen werden für uns zu lebenspendenden Worten, wenn wir über sie meditieren und ihre

Wahrheit tief in unser Bewußtsein einsinken lassen. Diese Bejahungen geben den Ton an, liegen unserer Reaktion auf das Leben zugrunde. Sie richten unsere Aufmerksamkeit auf Gott und auf alles, was Gott ist. Sie bringen uns in Einklang mit Gott; sie zentrieren uns in der spirituellen Wirklichkeit.

Wenn es so scheint, als brächten wir nicht die vollkommene Gesundheit zum Ausdruck, die Gott für uns beabsichtigt hat, oder wenn jemand, der uns lieb und teuer ist, nötig Heilung braucht, haben wir wundervolle Worte des Lebens, um uns zu ermutigen und um die Heilung zu beschleunigen. Heilungszusicherungen finden sich in der ganzen Bibel.

„Ich will kommen und ihn heilen" (Matt. 8:7).

„Dann wird dein Licht hervorbrechen wie die Morgenröte und deine Heilung eilends sprossen" (Jes. 58:8).

Dein Glaube hat dich gesund gemacht.

Wenn du vertrauend am Glauben festhältst, wenn du betest, werden dir wunderbare Worte des Lebens offenbart werden. Du wirst Gottes liebende Gegenwart in dir spüren, du wirst die stille leise Stimme sagen hören: „Ich bin dein Leben. Sei geheilt. Sei frei."

Inmitten von Mangel, Inflation, Rezession, schwierigen Zeiten können wir furchtsamem Denken mit Worten entgegenwirken, die Gott als die unfehlbare Quelle, die nie versagende Versorgung all unserer Bedürfnisse bejahen und bekräftigen. Äußere Zustände begrenzen Gott nicht, können Ihn nicht begrenzen. Erscheinungen entmutigen uns nicht, wenn wir unseren inneren Glauben und unsere Überzeugung stark bleiben lassen, wenn wir wundervolle Worte von lebenspendender Substanz bejahen, wenn wir erkennen, daß Gott Wege auftut, wo es keinen Weg zu geben scheint, daß Gott uns fördert und führt und uns zum Erfolg leitet.

Der Glaube, daß das Alter ein Abschreckungsmittel für ein glückliches, gesundes Leben sei, ist eine subtile, versteckte Überzeugung, der wir nicht gestatten wollen, in unserem Bewußtsein Fuß zu fassen. Eines Tages suchte ich eine Geburtstagskarte aus, und eine Frau, die neben mir stand, sagte: „Ich suche eine Karte für dieses fürchterliche Alter." Ich sagte: „Oh, was für ein Alter ist das?" Sie sagte: „Dreißig!" Sie fuhr fort und erzählte mir, daß sie ihrem Sohn an seinem vierzigsten Geburtstag einen Geburtstagskuchen gebacken und ihn mit schwarzem Zuckerguß überzogen hatte! Ich bin sicher, es geschah alles aus Spaß, aber zu viele von uns fangen an, sich beinahe dann schon gedanklich auf das Altsein einzustellen, bevor sie angefangen haben zu leben.

Gewiß, wir brauchen und sollten auch nicht mit dreißig oder vierzig (oder in jedem Alter, was das angeht) die Einstellung haben, alt zu sein. Wir alle möchten vorwärtsgehen, lernen und wachsen, wir möchten im Strom des Lebens sein, und wir sollten es sein, wir können es sein. Jahre haben nichts damit zu tun.

Wir sind genau jetzt mitten im ewigen Leben. Wir sind nicht alternder, unsterblicher, freier Geist. Falls wir entdecken, daß wir uns unwillkürlich der Ansicht angeschlossen haben, daß wir zu alt seien, die Dinge zu erreichen, die wir erreichen möchten, zu alt, um wirklich gesund und stark zu sein, dann laßt uns unser Denken durch wunderbare Worte des ewigen Lebens wie „Ich bin die Auferstehung und das Leben" oder „Ich bin der sich ewig erneuernde, ewig entfaltende Ausdruck des unendlichen Lebens" ‚wiederaufladen'. Eine Vorstellung, die mir eine Hilfe dabei gewesen ist, mich über den Glauben daran, daß das Alter einen einschränke, zu erheben, ist: „Ich bin weder alt noch jung. Ich bin Geist."

Worte spielen eine wichtige Rolle in unseren menschlichen Beziehungen. Einige Worte läßt man besser ungesagt; Worte, die gedankenlos ausgesprochen werden, Worte, die in der Absicht gesprochen werden, sich zu rechtfertigen, weil wir uns verletzt oder zurückgestoßen fühlen, Worte, von denen wir wünschen, daß wir sie zurücknehmen könnten. Aber liebevolle Worte sind immer willkommen; es sind Worte, die jeder gerne hört, Worte, die man nie bedauert.

Manchmal ist es notwendig, daß wir uns selbst liebevolle

Worte schenken. Es mag sein, daß wir uns ablehnen, daß wir eine geringe Meinung von uns haben, daß wir unnachsichtig uns selbst gegenüber sind, daß wir uns ungeliebt fühlen. Die Worte *Gott liebt mich* können für uns wunderbare Worte des Lebens sein. Zu wissen, daß wir geliebt werden und daß wir die Fähigkeit besitzen, Liebe zum Ausdruck zu bringen, kann unsere gesamte Sicht des Lebens ändern.

Wir sprechen beständig alle möglichen Worte aus, denken alle möglichen Worte. Warum sie nicht zu wundervollen Worten des Lebens machen! Dann werden wir uns wundervoll fühlen, und wir werden so bleiben!

Mach eine positive Aussage

Einmal, als ich an einem Kurs in Ölmalerei teilnahm, sagte die Lehrerin zu mir und zu anderen Kursteilnehmern: „Machen Sie eine positive Aussage!"

Ich habe hierüber seitdem oftmals nachgedacht. Mach eine positive Aussage!

Ist das nicht wichtig bei allem, was wir tun, vom Malen eines Bildes angefangen bis zum Backen eines Kuchens, zum Autofahren, zur praktischen Lebensführung?

Wir machen unser Leben zu einer positiven Aussage, wenn wir keine Angst davor haben, wir selbst zu sein, wenn wir es wagen, an Gott und das Gute zu glauben, wenn wir unserem Leben eine schöne Farbe verleihen, wenn wir kühne, freie, ungetrübte Ansichten und Einsichten entwickeln. Wir haben eine Vision des Lebens, die Gott uns gegeben hat, und wir müssen an dieser Vision festhalten, selbst wenn es bedeutet, wieder und wieder neu zu beginnen, falls das wahre Bild zuerst nicht zum Vorschein kommt.

Mach eine positive Aussage! Ist das nicht, was wir jedesmal tun, wenn wir eine Wahrheitsbejahung machen?

Um eine positive Aussage beim Malen eines Bildes zu machen, muß der Betreffende zuallererst eine klare Vorstellung davon haben, was er zu malen versucht. Und er muß die richtigen Pinsel, die richtigen Farben und die Sachkenntnis haben, um sie zu gebrauchen.

Bejahungen sind ein Weg, eine positive Aussage zu machen. Bejahungen, die Worte selbst, sind wie die richtigen Pinsel und die richtigen Farben notwendig, um ein Bild zu schaffen. Aber geradeso wie Pinsel und Farben allein kein wirkliches Gemälde hervorbringen, sind die Worte einer Bejahung für sich genommen nicht genug. Wie wir unsere Bejahungen sprechen – aus welcher Glaubenshaltung, aus welchem Verständnis, aus welcher

Überzeugung heraus –, bewirkt den Einfluß auf uns und unser Leben.

Wie der Künstler, wenn er anfängt, brauchen wir nicht alles über die Wahrheit, alles über den Glauben, alles über Gott zu wissen, um anzufangen, um eine positive Aussage zu machen – genau da, wo wir sind, auf unserer Ebene des Glaubens und des Verständnisses, ist der Ort, um anzufangen.

Das Erregende ist, daß wir uns dann, wenn wir beginnen, die Wahrheit auch nur zaghaft zu bejahen, in Einklang mit der Macht Gottes in uns bringen. Wir hören in unseren Tiefen ein klingendes „Amen" auf die Wahrheit, wenn wir sie bejahen, denn der Geist in uns erkennt spirituelle Dinge und kennt die Wahrheit, wenn er sie hört.

Wahrheitsbejahungen sind Machtworte; sie sind Worte, die das verkünden, was wirklich und ewig und unwandelbar ist. Sie sagen zu uns: „Das ist die Wahrheit über dich! Glaube sie!" Wahrheitsbejahungen sagen zu uns: „Erwarte ein Wunder!" Der Glaube in uns antwortet: „Warum nicht!" Wahrheitsbejahungen sagen nicht: „Das ist wahr, wenn ..." oder „Das stimmt, aber ..." Sie sagen zu uns: „Dies ist die Wahrheit. Halte an ihr fest, glaube sie, mach mit ihr eine positive Aussage!"

Man könnte meinen, daß jemand, der zum erstenmal *Das Tägliche Wort (Daily Word)* in die Hand nimmt und die Bejahungen liest, sie als weit hergeholt, vielleicht als geradezu albern ablehnen würde. Es würde nicht überraschen, wenn dies die gewöhnliche Reaktion wäre, aber das ist nicht der Fall.

Wir hören die ganze Zeit von Leuten, die uns erzählen, daß ihnen in ihrer Notlage jemand ein *Daily Word* in die Hand drückte oder daß sie es irgendwo auflasen oder daß jemand ihnen ein Geschenkabonnement schickte, und daß sie darin genau das richtige Wort fanden, das ihnen half, genau die Zusicherung, die sie brauchten, um Glauben und einen neuen Geist zu bekommen.

Ein Freund sagte, daß *Das Tägliche Wort* vor ein paar Jahren eine sehr herausfordernde Bejahung enthielt: *Ich lade die lie-*

bende Macht Gottes in mein Leben ein. Er sagte, daß die Lektion darauf hinwies, daß dies ein sehr machtvolles Gebet wäre und daß man bei seinem Gebrauch auf Resultate vorbereitet sein sollte.

Der folgende Winter war ein sehr schwieriger, und er ertappte sich dabei, daß er sich gegen eine Depression wappnete, indem er die Bejahung wiederholte. *Ich lade die liebende Macht Gottes in mein Leben ein.* Er sagte, daß die Bejahung machtvoll war und daß Veränderungen eintraten! Er hatte Depression in eine positive Aussage verwandelt.

Worin besteht die Macht einer Wahrheitsbejahung? Warum halten wir eher daran fest, als sie abzulehnen? Weil sie das in Worte faßt, was wir inwendig und wesenhaft in uns verspüren. Etwas in uns erkennt die Wahrheit, wenn wir sie hören; etwas in uns reagiert auf die Vorstellung, daß wir Kinder Gottes sind, spirituelle Wesen, fähig, alles zu tun und zu sein, was wir sehnsüchtig tun und sein möchten.

Bettelndes, bittendes Beten, Gebete, die voller Selbstanklage sind, Gebete, die von Schuldgefühlen durchdrungen sind, mögen vielleicht ein nagendes Gewissen beruhigen. Sie bringen jedoch selten ein Gefühl der Ermutigung. Sie können statt dessen ein Gefühl des Getrenntseins von Gott verstärken. Solche Gebete sind natürlich besser als keine Gebete; in solchen Gebeten kann jemand, wenn er aufrichtig Gottes Hilfe und Gottes Antwort sucht, zu guter Letzt eine Aufmunterung verspüren, einen Durchbruch in seinem Gefühl der Trennung von Gott schaffen. Wenn dies geschieht, wird sein Gebet schließlich doch noch zu einer Bejahung.

Wenn sich jemand schwach und krank fühlt und betet: „O Gott, ich fühle mich schwach und krank. Ich bitte um Deine Hilfe. Ich erbitte Deine Vergebung für all meine vielen Sünden", würde er sicherlich Gottes Liebe und Mitgefühl verspüren. Aber er würde sich wahrscheinlich nicht vital und lebendig fühlen. Er muß mit Glauben beten, sein Gebet zu einer positiven Aussage machen. Es ist nötig, daß er sein Einssein mit Gott bejaht und erkennt, daß Gott Leben ist – eben das Leben, das in ihm ist.

Wenn wir z.B. bejahen: *Ich bin lebendig vom Leben des Geistes, und mein Körper strahlt Gesundheit und Ganzheit aus,* stellen wir damit das fest, was von Natur aus wahr über uns ist.

Wir sind lebendig vom Leben des Geistes. Das Leben in uns ist Gott-Leben. Wir sind zu Leben, Gesundheit und Vollkommenheit geschaffen. Wir brauchen Gott nicht um Heilung zu bitten, denn Gott ist Leben, und wir sind eins mit diesem Leben.

Was ist damit, positive Aussagen für andere zu machen?

Einmal war vorgesehen, daß ich einen Vortrag halten sollte, und ich sagte zu meinem Mann: „Bete für mich." Er antwortete: „Ich werde nicht für dich beten. Ich werde einfach wissen, daß du einen guten Vortrag halten wirst." Ich sagte: „Das war es, was ich mit 'Bete für mich' gemeint habe."

Wenn wir jemanden bitten, für uns zu beten, wollen wir nicht, daß er unseretwegen beunruhigt oder besorgt ist. Wir mögen nicht einmal erkennen, was es ist, worum wir bitten, wenn wir sagen: „Bete für mich"; aber was wir in Wirklichkeit sagen, ist: „Nimm das Gute in mir wahr. Sieh Gottes Kraft in mir. Halte mit mir an der Wahrheit fest. Glaube an mich."

Wenn wir für andere beten, dann laßt uns sicher sein, daß wir positive Aussagen über sie machen. Das ist die höchste Art von Gebet, die wir für einen anderen leisten können – ihn so zu sehen, wie Gott ihn sieht, zu erkennen, daß er ein spirituelles Wesen ist, Zutrauen in sein göttliches Selbst zu haben.

Wir machen unser Leben Gedanke für Gedanke, Einstellung für Einstellung, Gebet für Gebet zu einer positiven Aussage. Es ist ein fortgesetzter Prozeß.

Kürzlich schrieb uns eine Freundin und sagte, sie läse *Das Tägliche Wort* jeden Tag. Sie fragte: „Werde ich die Kraft Gottes durch mich fließen fühlen, wenn ich weiterlese? Ich möchte glauben, daß das, was ihr sagt, wahr ist."

Diese Frage erinnerte uns an eine andere Freundin, die uns erzählte, daß sie viele Jahre lang jeden Tag mit der Seite im *Täglichen Wort* begonnen hatte. Sie sagte, daß sie eine Zeitlang nicht sehen konnte, daß das Leben wesentlich anders gewesen wäre, als es ohne *Das Tägliche Wort* gewesen war. „Aber jetzt", sagte sie, „wirkt es in mir nach, als ein wirklicher Weg von der Vergangenheit in die Zukunft, und es ist eine Brücke gebaut worden, über die ich gehen kann." Sie ist zu der Erkenntnis gelangt, daß sie trotz Problemen voller Freude ihren Weg geht, weil Gott mit ihr geht, in ihr wohnt und das Leben ganz wunderbar ist. Ihre tägliche Bejahung der Wahrheit hat ihr Leben in der Tat zu einer positiven Aussage gemacht!

Wie wir ein Gebet beten, bestimmt darüber, ob es eine positive Aussage wird.

Z.B. kann *Dein Wille geschehe* eine Bejahung sein oder es kann ein Gebet der Resignation, ja sogar der Furcht sein. Ein Mann erzählte uns, daß er sein ganzes Leben lang diese Worte, „Dein Wille geschehe", wiederholt hätte, aber wie so viele andere hätte er gefürchtet, daß Gottes Wille vielleicht nicht so wäre, wie er hoffte und betete, daß sich die Dinge entwickeln würden. Er sagte, daß er schließlich einen Grad der Verwirrung erreichte, wo er nicht mehr sicher wußte, was für eine Art von Lösung er wollte. Dann kam ihm klar und deutlich die Einsicht, daß Gottes Wille nur gut sein konnte. „Dein Wille geschehe" wurde dann zu einer Bejahung des Glaubens – Glauben an Gott, Glauben an das Gute. Sein Leben ist seitdem zu einer positiven Aussage geworden.

Charles Fillmore sagt: *Statt einer flehentlichen Bitte sollte das Gebet eine jubelnde Danksagung sein. Diese Methode des Gebets weckt das Bewußtsein auf wundersame Weise auf, und wie ein machtvoller Magnet zieht sie die spirituellen Eigenschaften hervor, die den ganzen Menschen verwandeln, wenn ihnen in Bewußtsein, Körper und Angelegenheiten Ausdruck verliehen wird.*

Mach eine positive Aussage! Mach deine Gebete zu jubelnden Bejahungen der Wahrheit, des Lebens und der Macht.

Erwarte ein Wunder! Warum nicht?

Kein andrer Weg

„Kein andrer Weg" ist der Titel eines Gedichts, das ich vor Jahren schrieb. Die meisten Schriftsteller werden wegen eines einzigen Schriftstücks erinnert. Ich dachte einmal hierüber nach, als wir in Silent Unity „Strahlendes Leuchten" (*Irradiance*) sangen. Die schönen Worte für dieses Lied wurden von Ernest C. Wilson geschrieben und sind vielleicht besser bekannt und beliebter und werden länger im Gedächtnis bleiben als irgend etwas anderes, das er geschrieben hat.

James Dillet Freeman, der ganze Bände von Gedichten geschrieben hat, wird vielleicht für „Ich bin da" in Erinnerung bleiben. Wenn wir an Frank B. Whitney denken, den ersten Herausgeber von *Daily Word,* denken wir an „Ich sehe den Christus in dir". Vielleicht ist das Beste, was ich geschrieben habe, „Kein andrer Weg". Seit es erstmals im Dezember 1947 in *Daily Word* erschien, habe ich von zahllosen Menschen darüber gehört. Es scheint ihnen etwas zu sagen, so, wie es mir etwas sagte, als die Worte durch mich kamen.

Die meisten von uns, ob wir es erkennen oder nicht, haben ein wiederkehrendes Leitthema, eine Idee, die wir wieder und wieder ausdrücken, auf immer wieder neue Art und Weise und in unterschiedlichen Worten und Handlungen. Es ist sozusagen unsere zentrale Titelmelodie. Kein andrer Weg, die Idee hinter den Worten dieses Gedichts scheint meine Titelmelodie gewesen zu sein.

1946 schrieb ich einen Artikel, der „Kein andrer Weg" vorausging, aber er sagte eigentlich dasselbe aus. Er nannte sich „Der Strom des Lebens". Darin sagte ich, wenn wir auf einem hohen Berg stünden und einen Flußlauf unten im Tal betrachteten, würden wir all seine Biegungen und Kehren, seine unterschiedliche Breite und seine Tiefen, seine Stromschnellen und Turbulenzen sehen; aber von diesem erhöhten Standpunkt aus würden wir ihn als ein Ganzes sehen. Wir würden sehen, wie alles Teil des fließenden Stromes wäre, der beständig weiterflösse.

Sollten wir in der Lage sein, unser Leben von einem hohen Berg im Bewußtsein aus zu betrachten, so würden wir sehen, daß es einem Strom nicht unähnlich ist. Sollten wir mit Augen, die nicht verschleiert sind von einem Vorhang der Vergangenheit oder der Zukunft, sehen, wie Tage und Monate und Jahre zusammenfließen, wie alles im unaufhörlichen Fortschritt der Seele mitgeschwemmt wird, so würden wir sehen, daß das gesamte Leben der Teil eines Ganzen ist. Mag es auch Richtungsänderungen und Strudel und Windungen und Kehren geben, dennoch fließt unser Leben unaufhörlich und ewig, dennoch hat unser Leben Sinn und innere Geschlossenheit. Die Fehler von gestern, die Ängste von gestern sind wie nichts im unaufhörlichen Fluß des Lebens. Wir lernen und wachsen und folgen dabei einem Entwurf, den wir gegenwärtig nicht sehen mögen, der aber nach und nach klar heraustritt und zum Vorschein kommt.

Es gibt keine isolierten Zwischenfälle im Leben, obwohl es sie zu geben scheinen mag. Keine Erfahrung kommt zu uns, die unserem Bewußtsein vollkommen fremd wäre, die keine Beziehung zu dem hat, was wir sind. Das Geschehen, das jetzt so tragisch erscheint, das unser ganzes Leben zu ändern scheint, berührt den unaufhörlichen Strom des Lebens nicht und kann ihn nicht berühren, ist nicht ohne einen Zusammenhang mit der Vergangenheit oder der Zukunft, sondern ist Ausfluß der Vergangenheit und fließt in die Zukunft ein.

Kannst du dich an die Sorgen oder Ängste des vergangenen Jahres erinnern? Sind sie immer noch so furchteinflößend, so wichtig, wie sie damals waren? Wirst du nächstes Jahr und im Jahr danach auch nur in der Lage sein, sie zu erinnern? Und die Furcht von heute, die dein Bewußtsein von Ruhe und Frieden abhält – wird sie sich vom Rest unterscheiden? Sie wird nicht anders sein. Auch sie wird vorübergehen. Der Strom des Lebens fließt weiter. „Ich werde nie wieder glücklich sein. Ich werde nie wieder lieben", sagen wir, aber schon beinahe bevor das Echo unserer Worte verklungen ist, haben wir unsere Herzen dem Neuen zugewendet.

Was wir heute sind, ist das Ergebnis von allem, was vorangegangen ist. Eines ist sicher, egal was die Erfahrungen unseres Lebens sein mögen, wir würden mit niemandem tauschen. Wir sind einzigartige Geschöpfe. Etwas in uns hat die Wahrheit immer erkannt. Etwas in uns hat schon immer die innere Stimme gehört, die uns sagt, daß wir von Gott geliebt werden, daß wir Ausdrucksformen des Christus sind.

Wir würden unsere Erfahrungen nicht gegen die irgendeines anderen auf der Welt eintauschen, so unruhig auch unser Lebensfluß und so rauh auch unsere Reise gewesen sein mögen. Ohne unseren spezifischen Hintergrund, ohne die Erfahrungen durchlaufen zu haben, die das Leben uns gebracht hat, ohne das geistige, emotionelle und spirituelle Wachstum vollzogen zu haben, das wir im Laufe der Jahre erreicht haben, würden wir nicht die einzigartigen Individuen sein, die wir sind. In der Aufrichtigkeit unseres Herzens müssen wir zugeben, daß wir niemand anderes sein wollen würden, selbst wenn wir es könnten. Was wir in Wirklichkeit sein wollen, ist das beste mögliche Selbst, das wir zu sein fähig sind.

Kein andrer Weg. Vor einigen Jahren stand ich einem ernsten Gesundheitsproblem gegenüber. May Rowland, ein lebendiges Beispiel der Wahrheit, schrieb mir: „Erinnere dich einfach an dein Gedicht ‚Kein andrer Weg'." Ich erinnere mich, daß ich damals dachte: „Ich wünschte, ich hätte es ‚Ein andrer Weg' genannt!" Aber nicht wirklich, denn selbst aus dem, was harte oder schwierige Erfahrungen zu sein scheinen, finden wir unseren Weg heraus, und wir gewinnen und wachsen dadurch. May erinnerte mich daran, daß wir die Unity-Arbeit haben, weil Myrtle und Charles Fillmore Heilung brauchten. Sie sagte: „Auch du wirst aufgrund dieser Erfahrung etwas zu geben haben." Ich fühle, daß das wahr ist, daß ich mehr Verständnis dafür habe, was Heilung wirklich ist, und daß ich aufgrund meiner Erfahrung in der Lage bin, mitfühlender und eine größere Hilfe zu sein.

Wenn wir uns das Leben als einen fließenden Strom denken können, gelangen wir dahin zu lernen, daß es keine Fehlschläge gibt, nur den fließenden Übergang einer Erfahrung in eine andere. Haben wir es versäumt, eine Gelegenheit zu ergreifen, die uns geboten wurde? Es ist nicht die letzte Gelegenheit, die sich jemals bieten wird, und die Tatsache, daß wir sie nicht ergriffen haben, weist darauf hin, daß wir noch nicht bereit dafür waren. Aber wir werden bereit sein, und wenn wir es sind, kann uns nichts davon abhalten, unser Gutes mühelos einzufordern und anzunehmen.

Unser Leben fließt in die Richtung unseres Guten. Tag für Tag lernen wir von den Erfahrungen, die ein Teil unseres Lebens sind. Wir lernen uns selbst verstehen und kommen zu der Einsicht, daß wir ein wichtiger Bestandteil der Menschheit sind, und wir werden diejenigen Erfahrungen zu uns hinziehen, die zu unserem Segen sind; wir werden uns in Gesellschaft der Menschen und an den Orten finden, die zu unserem individuellen Glück am meisten beitragen.

Wenn wir zurückblicken, sehen wir, wie wir gewachsen sind, wie weit wir gekommen sind, aber es ist immer ein Anfang, eine Zeit der erneuten Verpflichtung auf einen Weg, eine Zeit des Vorwärtsschauens, des Vorandrängens, des Setzens neuer Ziele.

Die wunderbaren Lehren von Unity geben uns ein wahres Bild von uns selbst, ein Bild von uns als ewigen Wesen auf einer ewigen Reise. Die Lehren von Unity, die Lehren von Jesus Christus helfen uns, Sinn in allem zu finden, helfen uns, Freude im tagtäglichen Leben zu finden, helfen uns, unsere Träume zu verwirklichen, das Höchste und Beste in uns zum Ausdruck zu bringen, unser göttliches Potential als spirituelle Wesen in der Art und Weise, wie wir leben, voll auszuschöpfen.

Das Akronym für *kein anderer Weg* (*no other way*) ist *jetzt* (*now*). Auch dies ist es, was „kein andrer Weg" bedeutet, daß es keinen anderen Weg gibt, dem Leben zu begegnen, als ihm jetzt zu begegnen, daß jetzt die Zeit ist, um die Wahrheit zu erkennen, daß jetzt die Zeit ist, um zu erklären, daß wir frei sind. Jetzt ist die Zeit, das Leben völlig, glücklich, gesund, erfolgreich zu leben. Jetzt ist die Zeit zu wissen, daß wir von Gott geliebt werden, daß wir lernen, wachsen, uns entfalten und daß das Leben Tag für Tag besser, schöner und köstlicher wird.

Du bist eine einzigartige und wunderbare Schöpfung. Ein Plan des Guten liegt deinem Leben zugrunde. Alles in deinem Leben, jeder Schritt, jede Erfahrung ist ein Teil dieses Planes des Wachstums und des Guten. Du bist eine lebendige Seele auf einer unsterblichen, ewigen Reise, und die Freude des Reisens findet sich auf dem Wege, in den Abstechern und Umwegen wie im Ziel am Ende des Weges.

Kein andrer Weg

Könnten wir nur das Muster unsrer Tage seh'n,
Wir würden feststellen, die Wege war'n verschlungen,
Durch die wir in die gegenwärt'ge Zeit gelangten,
An diesen Ort im Leben; wir würden sehen, welchen Aufstieg
Im Laufe all der Jahre unsre Seele machte.
Vergessen würden wir die Schmerzen, Wirren, Ängste,
Die Wüsten unsres Lebens, und erkennen,
Daß da kein andrer Weg war, den wir gehen konnten
   oder wie wir
In unser Gutes wachsen konnten ohne diese Schritte,
Die unsre Füße schwer zu gehen fanden, hart zu nehmen
   unser Glaube.
Und weiter windet sich des Lebens Straße;
   wir gehen mit ihr fort wie Reisende
Von einer Biegung bis zur nächsten, bis wir dann erkennen,
Daß wahrlich alles Leben endlos ist und wir
Für alle Zeit die ganze Ewigkeit bewohnen.

Liebe treibt die Furcht aus

Ich glaube, daß Furcht zu allen Zeiten und in allen Situationen durch Liebe besiegt wird. *Vollkommene Liebe treibt die Furcht aus.* Wir können nicht fürchten, was wir lieben. Liebe treibt die Furcht aus und befreit uns von der Gebundenheit an sie.

Wenn du Angst vor etwas oder vor jemandem hast, wende dein Denken und deine Aufmerksamkeit auf das, was du liebst, statt dich mit dem Gedanken an die Furcht zu beschäftigen. Die folgenden Meditationen können dir helfen, jeden Gedanken der Furcht auszutreiben:

Liebe treibt die Furcht vor Krankheit oder angegriffener Gesundheit aus.

Ich liebe die Vorstellung vom Leben. Ich bin in das Leben verliebt. Ich denke Leben, spreche Leben. Ich sehe mich von Leben erfüllt, dem Leben Gottes selbst.

Ich liebe meinen Körper als einen Tempel des Heiligen Geistes in mir.

Ich liebe und lobe das Leben Gottes, das mein Leben ist, das Leben Gottes, das mich heilt und wiederherstellt und erneuert, und danke dafür.

Mit Gedanken und Gefühlen der Liebe – Liebe zum Leben, Liebe zu der Idee der Heilung – treibe ich Gedanken an angegriffene Gesundheit, an Krankheit, an Furcht aus. Ich bin verliebt in das Leben, und ich bringe das Leben Gottes strahlend, wunderbar, machtvoll zum Ausdruck.

Liebe treibt die Furcht vor dem Alleinsein aus.

Ich liebe mein Leben. Ich liebe den Ort, den ich mein Zuhause nenne. Ich liebe das Wissen, daß ich niemals allein bin, daß Gott immer bei mir ist. Ich gieße meine Liebe aus, und ich fühle mich umgeben und umfangen von der Liebe Gottes.

Ich mag allein sein, aber ich bin niemals einsam. Ich denke mit Liebe an Angehörige und geliebte Menschen nah und fern.

Ich bete mit Liebe für den Segen meiner Lieben und den Segen der Welt. Ich fühle mich als Teil der großen und wunderbaren Familie Gottes. Liebe macht mich eins mit Gott und eins mit allen Gotteskindern.

Liebe treibt die Furcht vor Mangel aus.

Liebe treibt Armutsgedanken aus. Ich liebe die Erkenntnis, daß ich ein reiches Kind eines reichen Vaters bin. Ich liebe die Arbeit, die ich zu tun habe. Ich liebe und lobe Gott als meine verläßliche, unfehlbare Hilfsquelle. Ich liebe den Strom des Guten, der endlos ist. Ich liebe die Versorgung, die grenzenlos ist. Ich liebe und gebrauche die Talente und Fähigkeiten, mit denen ich begabt worden bin, und bringe sie zum Ausdruck. Ich liebe das Gefühl des Erfolgs und der Befriedigung, das ich habe, weil mein Vertrauen sich auf Gott gründet. Ich liebe den Gedanken, daß für meine täglichen Bedürfnisse gesorgt ist und daß für künftige Bedürfnisse ebenso gesorgt werden wird.

Ich bringe Liebe zum Ausdruck und treibe Gedanken an Mangel aus. Ich bringe Liebe zum Ausdruck, bereichernde Liebe, wenn ich zulasse, daß ich ein Kanal des Gebens und Empfangens bin, wenn ich bereitwillig und ungezwungen mit anderen teile.

Liebe treibt die Furcht vor Versagen aus.

Ich liebe die Gelegenheiten, die mir präsentiert werden. Ich liebe die Herausforderungen, die mich zu tieferem Nachdenken, zu größeren Bemühungen anregen. Ich liebe den Geist des Glaubens und des Muts, der sich in mir erhebt, der sich weigert, daß ich mich von Furcht beherrschen lasse.

Ich liebe das Gefühl spiritueller Macht, das ich habe, wenn ich mutig handle, wenn ich es wage, auf den Glauben hin meine Schritte zu setzen.

Ich liebe das Gefühl der beruhigenden Gewißheit, das sich einstellt, wenn ich meinem innewohnenden Christus zuhöre, der mir sagt, daß ich erfolgreich sein kann.

Liebe treibt die Furcht vor Menschen aus.

Der Liebe, der göttlichen Liebe, wird nie mißtraut, und sie ist niemals mißtrauisch. Die Liebe, die göttliche Liebe, mißhandelt niemals, und sie wird niemals mißhandelt. Die Liebe ist immer harmonisch. Die Liebe reißt Schranken der Furchtsamkeit oder des Mangels an Verständnis nieder. Die Liebe wird nicht durch Anzüglichkeit überwältigt. Die Liebe trifft sich in Übereinstimmung mit dem Besten in anderen. Die Liebe enthüllt das Gute in anderen. Die Liebe sieht den Christus in anderen.

Ich begegne Leben und Leuten in einem liebevollen Geist, und das Leben und die Leute antworten mir mit Warmherzigkeit, Freundlichkeit und Liebe.

Liebe treibt die Furcht vor Veränderung aus.

Ich denke über Veränderungen nach, die stattfinden oder vielleicht stattfinden mögen, und ich bejahe: *Ich liebe den Gedanken an Veränderung!* Die Liebe versichert mir, daß durch jede Veränderung hindurch Gott mit mir ist, daß in jedem sich ändernden Zustand oder Umstand etwas Neues und Lohnendes, etwas, das wertvoll und ein Segen ist, enthüllt wird. Ich begegne Veränderung mit Liebe, und ich werde durch die Veränderung gesegnet, durch die Veränderung bereichert, durch die Veränderung glücklicher gemacht.

Liebe treibt die Furcht vor der Furcht aus.

Grundlose Furcht, Furcht vor ich weiß nicht was – Liebe treibt die Furcht vor der Furcht selbst aus! Ich denke daran, daß Gott mich liebt. Was gibt es da zu fürchten? Gott ist Liebe, und Gott liebt mich. Furcht kann angesichts der Liebe nicht bestehen.

... weder Tod noch Leben, weder Engel noch Gewalten, weder Gegenwärtiges noch Zukünftiges, noch Kräfte, weder Hohes noch Tiefes, noch irgendein andres Geschöpf [vermag] uns zu scheiden ... von der Liebe Gottes. (Röm. 8:38-39)

Furchtlos begegne ich dem Leben, Gott liebend, wissend, daß Gott mich liebt und daß nichts oder niemand mich von der Liebe Gottes trennen kann.

Es ist keine Furcht in der Liebe, sondern vollkommene Liebe treibt die Furcht aus.

Die Stimme,
die wir vielleicht überhören

Wir hören auf viele Stimmen, Stimmen, die sich mit negativen Zuständen befassen, die alle Arten von düsteren Dingen voraussagen, Stimmen, die Optimismus und Glauben gerne leugnen würden.

Vielleicht schüttet jemand eine Leidensgeschichte vor uns aus; vielleicht schalten wir den Fernseher ein, und alle Nachrichten erscheinen schlecht; vielleicht lesen wir die Schlagzeilen in den Zeitungen und fragen uns, was aus der Welt geworden ist.

Die Stimme, die wir manchmal nicht hören, ist die innere Stimme, die Stimme des Christus.

„In der Welt habt ihr Angst; aber seid getrost, ich habe die Welt überwunden" (Joh. 16:33). Nicht „ich will", ich *habe*. Christus in dir hat die Welt überwunden. Höre auf Seine Stimme.

Wenn dein Leben durcheinandergeraten ist, umgewälzt von irgendeiner Veränderung – dem Verlust eines geliebten Menschen, einer zerbrochenen Liebesbeziehung, dem Verlust eines Arbeitsplatzes, irgendeinem der Lebensumstände, die für deinen inneren Frieden bedrohlich erscheinen –, dann höre auf die Stimme des Christus, wie sie sagt:

„Euer Herz lasse sich nicht beunruhigen und verzage nicht!" (Joh. 14:27). *„Siehe, ich bin bei euch alle Tage"* (Matt. 28:20).

Christus ist dein Mittelpunkt, dein Anker, dein unwandelbares Leben. Christus in dir sagt: „Ich bin mit dir, mich nicht ändernd, ewig. Ich bin dein Mittelpunkt des Friedens. Ich bin dein Anker der Stabilität. Ich bin das in dir, was stark und beständig ist. Ich bin die Siegeskraft in dir. Ich zeige dir den Weg des Lebens. Ich bin der Weg, die Wahrheit und das Leben. Du kannst sich ändernden Situationen und Umständen begegnen; du kannst voller Mut und Glauben aufstehen; du kannst mit Zuversicht und Freude vorwärts gehen. In mir kannst du alle Dinge tun."

Höre in einer Zeit der Traurigkeit oder des Kummers auf den Christus. *„Glaubet an Gott und glaubet an mich!"* (Joh. 14:1). *„Frieden lasse ich euch zurück, meinen Frieden gebe ich euch. Nicht wie die Welt gibt, gebe ich euch"* (Joh. 14:27).

Wende dich dem liebenden Christus zu und höre Christus „Frieden! Seid stille!" zu den aufsteigenden Gefühlswogen sagen, die dich überwältigen wollen. In Christus bist du ruhig und gelassen, du ruhst in Christi Gegenwart und fühlst dich gestärkt und getragen. Denke daran, daß, wenn sich die Dinge auch ändern, Gott unverändert ist, bleibend. Gottes Liebe ist ewig. Gottes Leben ist ewig. Du kannst niemals verlieren, was dein eigen ist. Du bist auf immer und ewig eins im Geist mit denen, die du liebst. Wenn dein Leben eine geradezu erdbebenhafte Veränderung durchzumachen scheint, ist Christus zuinnerst in dir, zuinnerst von allem.

Wenn du deprimiert oder niedergeschlagen bist, wenn du dich unwürdig und wertlos fühlst, wenn du dir sagst, daß du nicht hast, was nötig ist, um im Leben erfolgreich zu sein, dann gibt es etwas, was du spürst, aber vielleicht nicht hörst, weil du nicht hören willst. Aber die Stimme spricht stark und ausdauernd. Etwas in dir weiß und hat schon immer gewußt, daß da noch mehr in dir ist. Du bist unbefriedigt und entmutigt nicht aufgrund dessen, was dir fehlt, sondern wegen dem, was du noch nicht ausgedrückt hast.

Es ist noch mehr in dir. Weißt du, wie bemerkenswert du bist? Weißt du, daß du soviel mehr bist, als du von dir selbst annimmst, daß es, egal wie klein oder groß deine Leistungen sein mögen, immer noch mehr in dir gibt, was ausgedrückt werden kann? Wenn du dich selbst als einen gewöhnlichen Menschen betrachtet hast, wenn du das Gefühl hast, daß deine Anstrengungen nicht viel zählen und nicht viel eingebracht haben, dann möchte ich dich daran erinnern, daß du kein gewöhnlicher Mensch bist. Du bist ein spirituelles Wesen. Als ein spirituelles Wesen hast du ein göttliches Potential; du hast die Fähigkeit, die Freude und Fröhlichkeit des Lebens zu vermehren; du hast die Fähigkeit, anderen gegenüber Liebe zum Ausdruck zu bringen und in Liebe und Mitgefühl mit anderen umzugehen. Du bist ein wichtiger Teil des Lebens, und du wirst da, wo du bist, gebraucht.

Halte dich nicht furchtsam zurück. Höre nicht auf die Zweifel und Argumente des begrenzten persönlichen Selbst. Höre nicht auf die Stimme des Pessimismus. Höre nicht auf diejenigen, die dich entmutigen wollen. Höre auf die innere Stimme, die dir immer versichert, daß du mehr tun kannst, mehr sein kannst, mehr ausdrücken kannst, daß du zu freudigem, strahlendem, erfolgreichem Leben bestimmt bist.

Höre auf den Christus, der sagt: *„Richtet nicht nach dem Schein, sondern übet gerechtes Gericht!"* (Joh. 7:24). Der Schein kann beängstigend sein; der Schein kann überwältigend aussehen. Aber Erscheinungen sind bloß das – Erscheinungen. Sie sind nicht Wahrheit, sie sind nicht die Wirklichkeit Gottes.

Wenn du nicht nach dem Anschein urteilen sollst, wonach sollst du dann urteilen? Du sollst dir einen Ausblick 'von oben' bewahren, über den Anschein hinaus auf das letzten Endes zugrundeliegende Gute schauen. Jedesmal, wenn du die Wahrheit bejahst, verneinst du den Glauben an Erscheinungen, setzt du dein Vertrauen dort ein, wo es hingehört – in Gott, in die Wahrheit Gottes.

Der Schein mag auf eine angeschlagene Gesundheit oder auf eine Krankheit hindeuten. Die Wahrheit ist, daß Leben und Heilung Gottes Wille sind, daß vorgesehen ist, daß du gesund und ganz und vital lebendig bist. Die Wahrheit ist, daß dein Körper der Tempel des lebendigen Gottes ist, daß die Idee des vollkommenen Körpers stets gegenwärtig ist, stets zum Vorschein kommt, wenn du das Leben bejahst.

Höre auf das Lied des Lebens in dir. Jede Zelle, jedes Atom stimmt in die herrliche Sinfonie ein.

Höre, wie der Christus sagt: *„Ich bin gekommen, damit sie Leben und reiche Fülle haben"* (Joh. 10:10). Ich bin gekommen, damit *du* Leben hast und es in Fülle hast. *„Ich bin die Auferstehung und das Leben"* (Joh. 11:25). Ich bin der lebengebende Geist in dir.

Höre auf das Wort des Lebens, das durch dein ganzes Wesen vibriert. Sprich Worte des Lebens, tritt ein in den Lebensstrom, den ewigen Fluß des Lebens.

Gibt es den Anschein von Mangel, Mangel an Geld, Mangel an Arbeit, Mangel an Gelegenheiten? *„Richtet nicht nach dem Schein, sondern übet gerechtes Gericht!"* (Joh. 7:24). Bewahre dir den Ausblick von der hohen Warte der Wahrheit. Sieh hinter die Erscheinungen auf die Wahrheit, daß Gott die Quelle aller Versorgung ist und daß es in Gott keinen Mangel gibt. Du lebst in einer reichen Welt; du hast einen reichen Vater. Du bist immer eins mit deiner Quelle. Das Bindeglied zwischen dir und Gott ist das Bewußtsein. Der Strom des Guten kommt durch dich in Gestalt von Ideen. Wohlstand beginnt in der inneren Erkenntnis des Einsseins mit Gott, des Einsseins mit allem Guten.

Hast du um Versorgung auf äußere Dinge, auf Orte und Menschen geblickt? Es gibt sicherlich Kanäle, aber Gott ist die Quelle, und die Quelle ist in dir. *„Sorget euch nicht um das Leben, was ihr essen sollt, noch um den Leib, was ihr anziehen sollt! Denn das Leben ist mehr als die Speise und der Leib mehr als die Kleidung. ... Vielmehr suchet sein Reich, dann wird euch dies hinzugefügt werden"* (Luk. 12:22, 23, 31).

Das Reich Gottes ist mitten in dir. Höre auf die Stimme Christi, wie sie sagt: *„Kommet her, ihr Gesegneten meines Vaters, ererbet das Reich, das euch von Grundlegung der Welt an bereitet ist!"* (Matt. 25:34). *„Es hat eurem Vater gefallen, euch das Reich zu geben"* (Luk. 12:32). Du hast die Zusicherung und die Gewißheit, wenn du in Gebet und Stille zuhörst, daß für jedes deiner Bedürfnisse gesorgt werden kann, bereits im Geist gesorgt ist. Durch Christus in dir kannst du alle Dinge tun. Durch Christus in dir kannst du erfolgreich sein und gedeihen.

Höre der Stimme der Liebe und Vergebung zu. *„Sprechet frei, so werdet ihr freigesprochen werden"* (Luk. 6:37).

Wenn sich Stimmen aus anderen Tagen, Stimmen aus der Vergangenheit, erheben, um dich an alte Wunden, Abneigungen, alte Fehler zu erinnern, dann wirst du nicht von ihnen überwältigt, wenn du der Stimme des Christus im Innern zuhörst, wie sie sagt: „Dir ist vergeben, wenn du vergibst. Vergib die Schulden der Vergangenheit. Denke nicht mehr an sie."

Höre der Wahrheit zu. Die Wahrheit ist, daß du frei von der Fessel der Vergangenheit bist. Die Fehler der Vergangenheit sind dir vergeben. Die Wahrheit ist, daß du neu anfangen kannst.

„Ihr werdet die Wahrheit erkennen, und die Wahrheit wird euch frei machen" (Joh. 8:32). Geh deinen Weg freudig, frei von der Last der Schuld, frei von Selbstverurteilung, frei, dein göttliches Potential auszuschöpfen, alles zu sein, was du sein kannst, alles, was du zu sein bestimmt bist.

Wenn du über andere beunruhigt und besorgt bist, wenn die Bedürfnisse von geliebten Menschen groß scheinen, wenn es wenig zu geben scheint, das du tun kannst, dann höre auf den liebenden Christus. *„... ich in ihnen und du in mir – damit sie vollkommen eins seien"* (Joh. 17:23). Der Christus in dir nimmt den Christus in anderen wahr; wenn du den Christus wahrnimmst, weißt du, daß es kein Bedürfnis gibt, das zu groß ist, kein Problem, das zu kompliziert ist, keine Lage, die unheilbar oder unmöglich wäre. Der Christus in dir erinnert dich daran, daß mit Gott alle Dinge möglich sind.

Gehst du durch eine Zeit der Dunkelheit? Höre auf Worte des Lichts:

„Ich bin als Licht in die Welt gekommen, damit jeder, der an mich glaubt, nicht in der Finsternis bleibt" (Joh. 12:46).

„Ich bin das Licht der Welt. Wer mir nachfolgt, wird nicht in der Finsternis wandeln, sondern er wird das Licht des Lebens haben" (Joh. 8:12).

„Ihr seid das Licht der Welt" (Matt. 4:14). Laß dein Licht leuchten!

Das Licht Christi ist dein Licht. Dieses Licht leuchtet als Intelligenz und Weisheit in deinem Bewußtsein. Depression, Düsternis des Denkens oder der Weltsicht, wird im reinen Leuchten des Christuslichtes verbannt. Dein Körper, der Masse und Materie zu sein scheint, ist aus Licht zusammengesetzt. Wenn du für das Christusleben in dir wach wirst, ist es, als würde jede Zelle erleuchtet. Licht und Heilung gehen Hand in Hand.

Das Licht Christi leuchtet in dir, es leuchtet für dich, es leuchtet durch dich hindurch, um die Welt zu segnen. *„So soll euer Licht vor den Menschen leuchten, damit sie eure guten Werke sehen und euren Vater, der in den Himmeln ist, preisen"* (Matt. 5:16). Nicht das persönliche Selbst, sondern das Christusselbst wird gepriesen. Dein Ziel ist es, die Wahrheit zu leben, die Wahrheit auszudrücken, die Wahrheit zu erweisen.

Fühlst du dich durch irgendeinen Umstand oder Zustand, durch irgendeine Person gebunden und eingeschränkt? Fühlst du dich durch irgendeine Gewohnheit gebunden, von der du weißt, daß du sie aufgeben solltest?

„Ihr werdet die Wahrheit erkennen, und die Wahrheit wird euch frei machen" (Joh. 8:32). Du wirst die Wahrheit erkennen. Welche Wahrheit? Die Wahrheit, daß du ein spirituelles Wesen bist, daß du einen Funken Göttlichkeit in dir hast, daß du nicht an irgendeine Lage, an irgendeinen Zustand gebunden bleiben mußt. Du wirst die Wahrheit erkennen, daß du nicht auf Gedeih und Verderb deinen Launen ausgeliefert bist, daß du nicht von früheren Fehlern oder Mißerfolgen eingeschränkt bist, daß du der Christus Gottes in greifbar ausgedrückter Form bist.

Ruhelosigkeit des Geistes, Gefühle der Unzufriedenheit werden überwunden, wenn du zuläßt, daß Christus in dir erhoben wird. Christus ist der Weg der Freiheit.

„Wenn nun der Sohn euch frei macht, werdet ihr wirklich frei sein" (Joh. 8:36). Deine seelische Befriedigung kommt aus tiefen Brunnen des Friedens in dir. Das lebendige Wasser des Geistes stillt deinen Durst; das lebendige Brot des Geistes befriedigt jeden Hunger, den du verspürst.

Höre auf die Stimme Christi, die sagt: *„Nicht ihr habt mich erwählt, sondern ich habe euch erwählt"* (Joh. 15:16).

Denkst du, du seist unwichtig, du würdest nicht gebraucht? Du bist auf göttliche Bestimmung hin hier. Du bist ein wichtiger Teil von Gottes Plan, von Gottes Schöpfung. Du hast deine einzigartige Rolle zu erfüllen.

Was bist du auserwählt worden zu tun? Du bist auserwählt worden, Gott, den Christuseigenschaften Ausdruck zu verleihen. Du bist auserwählt worden, Liebe auszudrücken. Du bist auserwählt worden, ein Teil des Lebensstromes zu sein. Du bist auserwählt worden, zum Guten, zum Glück, zum Wohlergehen der Welt beizutragen. Du bist auserwählt worden, deine speziellen Fähigkeiten und Talente auszudrücken. Du bist auserwählt worden, ein Licht in der Welt zu sein.

Sein Name ist Praxis

Zwei kleine Mädchen versuchten mit aller Anstrengung, die Technik des Balletts beherrschen zu lernen. Sie arbeiteten unbeholfen, aber mit Ausdauer daran, ihre Füße in die richtigen Positionen zu bekommen – fünfte Position, zweite Position, Balance, Herumwirbeln usw.. Aber als die Lehrerin ihnen sagte, sie würde ihnen ein bißchen Gymnastikunterricht zusätzlich zu den Ballettlektionen geben, und dann sagte: „Nun laßt mich mal einen Radschlag sehen", da war das eine so ungeheuerliche Forderung, als ob sie gesagt hätte: „Nun laßt mich mal sehen, wie ihr über den Mond springt!" Ihre Versuche waren lächerlich, aber niemand lachte. Die einzige Ermutigung, die die Lehrerin ihnen bot, war: „Mädchen, ihr werdet einfach üben müssen."

Sie übten, aber es war, so schien es, als übten sie das Unmögliche. Ihre Versuche, und es waren angestrengte, brachten keinen Radschlag zustande. Weil sie keine Ergebnisse sehen konnten, begannen sie sogar schon den Gedanken an ein Rad abzulehnen und brachten jede Entschuldigung vor, die ihnen einfiel, um es nicht üben zu müssen.

Eines Tages fuhren sie auf dem Rücksitz eines Wagens, und die ältere, eine Neunjährige, nahm eine *Unity*-Zeitschrift in die Hand, die auf dem Sitz lag, und begann, sie der Siebenjährigen vorzulesen. Das ist der Abschnitt, den sie mit erstaunter Stimme vorlas: *Es gibt eine Lehre, ein Prinzip, das höher und mächtiger ist als die gedruckten Worte der Wahrheit. Es ist die höhere Lehre, die aus der Theorie, die du gelesen hast, eine Realität macht. Du hast Zugang zu ihr, hier und jetzt. Ihr Name ist Praxis.*

„Stephanie!", rief sie aus. „Damit sind unsere Radschläge gemeint!"

Es kam der Tag, an dem die Lehrerin sagte: „Sehr gut, Mädchen. Ich weiß, daß ihr geübt habt."

„Ihr Name ist Praxis." Wie einfach, aber was für eine tief-

41

gründige Aussage!

Wir alle müssen uns daran erinnern, daß es keinen anderen Weg gibt, irgendeine Fertigkeit zu vervollkommnen, als zu üben. Wie die kleinen Mädchen, die das „Wunder" des Radschlags vollführten, wird jeder, der Wahrheitsprinzipien praktiziert, „Wunder" in seinem oder ihrem eigenen Leben zur Ausführung bringen. Gott, der große Lehrer, sagt: „Hier ist der Weg." Dann ist es an uns, es zu versuchen, immer wieder von neuem, die Ebene unseres Bewußtseins bis zu einem Ort zu erheben, wo wir die Wahrheit nicht nur erkennen können, sondern sie leben, zum Ausdruck bringen.

Es gibt eine Lehre, ein Prinzip, das höher und mächtiger ist als die gedruckten Worte der Wahrheit. Es ist die höhere Lehre, die aus der Theorie, die du gelesen hast, eine Realität macht. Du hast Zugang zu ihr, hier und jetzt. Ihr Name ist Praxis.

Wann immer ich mit etwas konfrontiert bin, das über meine Fähigkeiten hinauszugehen scheint, denke ich an die zwei kleinen Mädchen mit der scheinbar unmöglichen Aufgabe, die sie durchführen sollten. Und ich weiß, daß auch ich erfolgreich sein kann. Das Geheimnis des Erfolges? Sein Name ist Praxis.

Eins + eins = eins

Man hat die Mathematik auch die Wissenschaft der Beziehungen genannt, denn durch sie werden die unterschiedlichen Bereiche der getrennten Wissenschaften in einem logischen Verständnisschema verbunden. Die Mathematik ist als diejenige Wissenschaft definiert worden, die notwendige Schlußfolgerungen zieht. Durch die Berechnungen der Mathematik können wir konkretes und statistisches Wissen über die Welt erlangen. Diese Berechnungen basieren auf der notwendigen Schlußfolgerung, daß eins plus eins immer gleich zwei ist.

Nun ist die Wahrheit, wie Jesus sie lehrte, ebenso die Wissenschaft der Beziehungen. Sie bezieht alle Elemente des Lebens in einem logischen Verständnisschema aufeinander. Auch sie zieht notwendige Schlußfolgerungen. Und wir können Wissen über die innere Welt, den spirituellen Bereich, dadurch erlangen, daß wir unser Denken auf die notwendige Schlußfolgerung aufbauen, daß eins plus eins gleich *eins* ist. Die notwendige Schlußfolgerung, auf die wir unseren Glauben gründen, ist, daß wir und Gott gleich eins sind.

Wir haben uns selbst für getrennte Wesen gehalten, die zu Gott beten, während es doch die ganze Zeit über eine Sache der Einheit bleibt. Was Gott ist, das sind wir. Hinter allem, was erscheint, ist eine spirituelle Gleichheit, ein Zustand des Einsseins.

Die Zahl *eins* bezeichnet die Einheit (*Unity*). Denke darüber nach. Unity, Einssein. Unity bedeutet Einssein. Nicht Gott und du, die zusammen zwei ergeben, sondern Gott und du, *eines*.

Was kann diese Vorstellung für uns bedeuten? Sie ist revolutionär, wenn wir sie wirklich erfassen. Sie gibt unseren Bejahungen Sinn. Sie macht sie logisch. Denn wir sehen deutlich, daß wir nicht zu einem getrennt von uns existierenden Wesen beten; wir bejahen unser Einssein mit Gott, mit allem, was Gott ist. Dies ist die große spirituelle Wahrheit, die Jesus offenbarte. *„Ich und der Vater sind eins"* (Joh. 10:30).

„... ich in ihnen und du in mir – damit sie vollkommen eins seien" (Joh. 17:23).

Womit wir eins sind, das sind wir. Unser Bedürfnis besteht darin, zu entdecken, was Gott ist, dann wissen wir, was wir sind.

Gott ist Licht. Zu wissen, daß wir eins mit Gott sind, heißt zu bejahen, daß wir eins mit dem Licht sind, daß wir Licht sind. *„Ich bin als Licht in die Welt gekommen"* (Joh. 12:46).

Gott ist Liebe. Es folgt logisch, daß wir bejahen können: *Ich bin Liebe, denn ich bin eins mit Gott.*

Gott ist Leben. Wir beten nicht darum, daß Gott uns Leben bringt, vielmehr wissen und bejahen wir: *Ich bin Leben.*

Gott ist Substanz. Gott ist. Wir sind. Was ist unser Bedürfnis? Unser Bedürfnis ist, Gott zu erkennen, denn im Erkennen Gottes gelangen wir zur Erkenntnis der letztgültigen Wahrheit, der letzten und grundlegenden Realität, daß es keine Trennung gibt. *Ich und der Vater sind eins.* Das ist die göttliche Einheit. Dies ist das Einssein, das Gesundheit für unseren Körper, Licht für unser Bewußtsein, Frieden für unsere Seele ist.

Ich bin eins mit Gott. Dies ist die notwendige Schlußfolgerung, die unsere Suche nach der Wahrheit einleitet und sie beendet. Eins plus eins ist gleich eins. Gott und wir, das macht nicht zwei, sondern eines.

Wenn ihr dies wißt

Es gibt viele Leute, die endlos nach dem Geheimnis hinter dem Geheimnis suchen, die von Lehrer zu Lehrer, von Kurs zu Kurs gehen und versuchen, eine geheime Formel zu finden, die ihnen Zugang zu dem inneren Reich geben wird. Manchmal wollen sie nichts von der Wahrheit annehmen, weil diese so einfach, so klar erscheint, oder andernfalls werden sie hartnäckig weiter versuchen zu entdecken, was vor ihnen verborgen gehalten wird.

Die Lehren von Unity sind klar, einfach und verständlich, wie die Lehren von Jesus. Und wie die Lehren von Jesus müssen sie praktiziert werden, um effektiv zu sein.

Wir mögen wissen, was in all den Büchern steht. Wir mögen in der Lage sein, Wahrheitsprinzipien zu zitieren. Aber wir *kennen* die Wahrheit nicht, ehe wir sie nicht praktiziert haben, bevor wir nicht die Theorien in unseren Erfahrungen haben lebendig werden lassen.

Manchmal sagt ein Mensch: „Ich weiß das alles. Ich weiß alles über die Wahrheit." Aber ein solcher Mensch ist sehr häufig ratlos, wenn es darum geht, zu wissen, wie er irgendeinem praktischen Problem des Lebens begegnen soll. Er mag alles über die Wahrheit wissen, aber er weiß nicht, wie man sie anwendet.

Jesus sagte: *„Wenn ihr dies wißt – selig seid ihr, wenn ihr es tut"* (Joh. 13:17).

Manchmal denken wir uns „praktisch" und „mystisch" als direkte Gegensätze. Wir mögen denken, praktisch sein heiße, sachlich zu sein. Es ist die Anwendung von Wahrheitsideen, ihre Praxis, die den Weg zu den größten mystischen Offenbarungen erschließt. Die Wahrheit zu praktizieren heißt, sie zu erfahren. Die Gegenwart Gottes zu praktizieren heißt, sie zu erfahren, und dies ist die mystischste Erfahrung von allen.

Das praktische Christentum mag einigen Leuten einen höchst unpraktischen Standpunkt einzunehmen scheinen, wenn sie unter „praktisch" verstehen, daß man sich den nackten Tatsachen stellt und sagt: „Das ist die Art und Weise, wie die Dinge sind. Man kann nichts daran ändern." Das praktische Christentum sagt: „Das ist dem oberflächlichen Anschein nach die Art und Weise, wie die Dinge sind. Aber hinter dem Anschein ist die zugrundeliegende Güte Gottes. Es gibt immer einen Weg, um alles zu verändern, zu verbessern, zu verwandeln, – jeden Zustand. Gott ist in allem und durch alles gegenwärtig, und bei Gott sind alle Dinge möglich."

Gebet ist praktisch. Gebet setzt alles, was wir glauben, in die Praxis um. Gebet bedeutet, Bewußtsein, Herz und Geist in Einklang mit Gott zu bringen. Gebet erhebt unser Denken auf eine höhere Ebene. Gebet bringt Sorgen und Ängste zur Ruhe. Gebet ist ein Weg, dem Geist in uns zuzuhören; es ist ein Weg, die Gotteskräfte und Energien, die in uns sind, freizusetzen.

Gebet erbringt praktische Resultate. Gebet verändert uns. Gebet verändert unser Leben. Gebet berührt alles an uns. Durch Gebet werden Wahrheitsideen in uns lebendig, wurzeln in uns, wachsen in unserem Bewußtsein, gedeihen in unserem Herzen, blühen in unserem Leben.

Wenn wir Bejahungen sprechen, mag es einigen so erscheinen, als versuchten wir, uns selbst zum Narren zu halten, als machten wir Aussagen, die den tatsächlichen Gegebenheiten entgegengesetzt sind. Sie mögen auf Bejahungen deuten und fragen: „Nennst du sie praktisch?"

Bejahungen sind nicht nur praktisch, sie sind für die meisten von uns zwingend erforderlich. Die meisten von uns lassen sich leicht vom Erscheinungsbild der Dinge täuschen. Wir denken, wir verhielten uns praktisch, wenn wir in Wirklichkeit negativ, sogar pessimistisch im Hinblick auf uns selbst und auf unser Leben eingestellt sind.

Bejahungen sind weder dazu da, unseren Mut zu stärken, noch um zu versuchen, uns denken zu lassen, etwas sei wahr, was nicht wahr ist. Sie sind Prinzipien, die wir unserem Bewußtsein vorhalten, um uns daran zu erinnern, was die Wahrheit wirklich ist.

Sind wir krank, fühlen wir uns schwach und ohne Leben? Das mag eine Tatsache sein, aber es ist nicht die Wahrheit über uns.

Bejahungen verwandeln den Charakter unseres Denkens und Fühlens, indem sie unsere Gedanken gottwärts lenken. Aber mehr als das, Bejahungen stehen für eine vollkommene Vorstellung, die wahr ist, die immer wahr gewesen ist und die immer wahr sein wird. Zustände ändern sich, wir durchlaufen viele Erfahrungen, aber die sich nie ändernde Wahrheit über uns ist, daß wir zuerst und vor allem spirituelle Wesen sind, geschaffen nach Gottes eigenem Bilde. Wenn wir dies bejahen und dazu stehen, durchbrechen wir alte Muster negativen Denkens und 'tauchen auf', um in einen neuen Lebensausdruck einzutauchen.

Praktisches Christentum hilft uns, hinter die Oberfläche auf die vollkommene Güte Gottes zu sehen, die immer gegenwärtig ist. Durch die äußerst praktische Art und Weise, wie wir die Wahrheit in unseren alltäglichen Erfahrungen gebrauchen, entdecken wir die große und wunderbare Macht Gottes, die in uns liegt.

Wir können alle fortgeschrittene Wahrheitsschüler sein. Die Wahrheit wird in uns und für uns lebendig, wenn wir sie Tag für Tag praktizieren und anwenden.

Die beste Arznei

Charles Fillmore, Mitbegründer von Unity, muß, wenn er Zusammenkünfte leitete, oft erkannt haben, was für einem ernsthaften und aufmerksamen Publikum er sich gegenübersah, denn diese Leute vor ihm kamen nicht, um unterhalten zu werden, sondern um Hilfe und Heilung zu bekommen. Sie kamen auf der Suche nach dem Leben selbst. Sie kamen auf der Suche nach neuem Licht und Verständnis und in der Erwartung, sie zu finden.

Mr. Fillmore muß viele Male an diese Worte aus den Sprüchen gedacht haben, wenn er die angestrengten, angespannten Gesichter seiner Zuhörerschaft anblickte: *Ein fröhliches Herz ist die beste Arznei* (Sprüche 17:22), denn er versäumte nie, sein Auditorium in eine entspannte und fröhliche Gemütsverfassung zu versetzen. Er half ihnen, für große Wahrheiten empfänglich zu sein, indem er ihre Herzen durch kleine humorvolle Geschichten erleichterte.

Wenn wir ernsthaft nach spiritueller Erleuchtung und spirituellem Verständnis suchen, wenn wir irgendein großes Bedürfnis nach Heilung oder Versorgung oder emotioneller Kontrolle haben, dann könnte es für uns gut sein, uns vorzustellen, daß wir Wahrheitslehrer sind, die auf die Zuhörerschaft unserer Gedanken blicken. Wir sehen unsere Bedürfnisse und Wünsche aus einer anderen Perspektive, wenn wir das tun. Wir sind besser in der Lage, in unserer Sichtweise objektiv zu sein. Wie ein verständnisvoller Wahrheitslehrer verurteilen wir unsere Gedanken nicht oder sind intolerant gegen sie, weil sie so angespannt und unglücklich sind, so verwirrt und so ratlos. Wir sehen sie voll Mitgefühl an. Wir sind in der Lage, ihnen die gute Arznei zu geben, die sie brauchen: Glauben, Verständnis und die Gewißheit von Gottes unfehlbarer Hilfe. Wir sind fähig, sie zu inspirieren, sie zu erheben, ihnen zu helfen, viele Gründe dafür zu sehen, an Gottes Güte zu glauben. Wir sind fähig, unsere Gedanken zu lehren, sich von Verzweiflung zu lösen, wir sind fähig, ihnen neues Leben einzuflößen, ihnen einen neuen Geist einzugeben. Wir sind das fröhliche Herz, das unseren eigenen gequälten Gedanken und Gefühlen beistehen kann.

Jeden Tag erhält Unity Hunderte von Briefen, die von den wunderbaren Ergebnissen berichten, die durch Glauben und Gebet bewirkt worden sind. Es ist tatsächlich ein fröhliches Herz, das so schreiben kann, wie eine Frau kürzlich schrieb: „Zum erstenmal weiß ich, was es heißt, ein geliebtes und behütetes Kind des Höchsten zu sein. Ich danke euch, liebe Freunde, für eure heiligen Gebete, die Er dort oben wohl gerne erhören muß. Noch nie haben ich solchen Frieden, solches Glück, solche Sicherheit verspürt!"

Wir können unsere Gedanken und Gefühle jederzeit belehren und ihnen helfen. Wir sind nie zu alt oder zu jung, um spirituelle Wahrheiten zu lernen.

Eine junge Frau sagt (und spricht dabei von der Hilfe, die sie durch Unity gefunden hat): „Ich habe wahrhaftig Glück gehabt, daß ich Unity jetzt entdeckt habe, während ich noch jung bin. Jetzt habe ich ein ganzes Leben vor mir, um Nutzen aus Ihrer wunderbaren Arbeit zu ziehen."

Eine andere Frau teilt mit, wie sie ihr Denken im Alter von 77 Jahren revolutionär änderte. Mit 80 blickt sie auf ihre drei Jahre spiritueller Erfahrung zurück und sagt, daß Wahrheitslehren das, wovon sie fürchtete, es würde ein langweiliges Alter werden, in ein fröhliches, freudiges, erfüllendes „neues" (Zeit-) Alter verwandelt haben!

Es könnte so scheinen, als wäre ein Mensch mit einer Geisteskrankheit jenseits aller Hilfe, als würde er nicht in der Lage sein, die Kontrolle über seine Gedanken und Gefühle zu übernehmen, aber das stimmt nicht. Unity hat viele Berichte von Personen, die geistige Gesundheit und inneren Frieden dadurch gefunden haben, daß sie ihr spirituelles Wesen entdeckten, daß sie in sich selbst die Kraft zum Überwinden entdeckten.

Da war einmal eine Frau, die einen Nervenzusammenbruch erlitten hatte und in eine staatliche Heilanstalt eingeliefert worden war. Irgend jemand schickte ihr Unity-Literatur, und durch die Unity-Lehren begann sie allmählich ihren Weg zur Normalität zurückzufinden. Durch diese Lehren lernte sie, daß sie die Kraft hatte, Furcht, Eifersucht und Argwohn zu überwinden. Sie fand ihr wahres Selbst; sie war fähig, in ihrem Herzen liebevoll und vergebungsbereit zu sein. Als sich dieses Gefühl innerer Freiheit einstellte, wußte sie, daß sie aus dem Krankenhaus entlassen werden würde, und innerhalb kurzer Zeit wurde sie auch entlassen.

Silent Unity führt Heilungszusammenkünfte durch, bei denen für all die Leute gebetet wird, die sich um Hilfe an sie wenden. In gewissen Sinne führen wir auch Heilungszusammenkünfte durch, wenn wir für uns allein beten. Die Mitglieder unserer Heilungstreffen sind unsere Gedanken, die die Botschaft der Wahrheit und des Lichts an unsere Gefühle weitergeben, ja sogar an die Zellen unseres Körpers. Jeder Teil von uns verspürt die erhebende Macht unserer Gebete; jeder Teil von uns freut sich in unserer Erkenntnis des Einsseins mit Gott.

In gewissem Sinne leisten wir, wenn wir uns unsere Gebetszeit als eine Heilungszusammenkunft für unsere Gedanken vorstellen, weit mehr, denn wir sind in der Lage, als spiritueller Führer spirituelle Kontrolle zu übernehmen. Wir wandern nicht mit den 'Schule schwänzenden' Gedanken davon; wir fürchten uns nicht mit den furchtsamen Gedanken; wir weinen nicht mit den kummervollen Gedanken; wir zweifeln nicht mit den skeptischen Gedanken. Wir stehen zur Christusnatur, zu Gottes Geist in uns, und wir sind fähig, unsere Gedanken zu erheben, zu belehren und zu führen.

Zu den unruhigen, abschweifenden Gedanken sagen wir: *„Stehet fest und sehet zu, was für ein Heil der Herr heute an euch tun wird"* (2. Mose 13:14). Zu den furchtsamen Gedanken sagen wir: *Es gibt nichts zu fürchten. Gott ist unsere Verteidigung und unsere Rettung.* Zu den bekümmerten Gedanken sagen wir: *„Euer Herz lasse sich nicht beunruhigen und verzage nicht!"* (Joh. 14:27). *„Siehe, ich bin bei euch alle Tage"* (Matt. 28:20). Zu den zweifelnden Gedanken sagen wir: *„Prüft mich hiermit ..., ob ich euch dann nicht des Himmels Fenster auftun werde und Segen herabschütten die Fülle"* (Mal. 3:10). Du kannst deine Gedanken Wahrheit lehren, du kannst dein Herz Fröhlichkeit lehren, denn du bist eins mit dem Geist Gottes selbst, der ganz Weisheit, ganz Liebe, ganz Leben, ganz Macht ist!

Furchtlos im Leben, furchtlos im Tode

Freunde und Verwandte ziehen fort, vielleicht auf die andere Seite der Welt. Wir sehen sie vielleicht nie wieder, aber wir trauern nicht. Wir wissen, wo sie sind, wir haben ihretwegen ein sicheres Gefühl. Wir vermissen sie natürlich, aber wir wissen, daß sie da sein müssen, wo sie sind, und ihr Leben dort weiterführen müssen, wo sie sind. Wir sind körperlich getrennt, aber wir verspüren unser Einssein, obwohl wir meilenweit, ja sogar durch Ozeane voneinander getrennt sind.

Vor einigen Jahren war einer engen und lieben Freundin mitgeteilt worden, sie hätte nicht mehr lange zu leben. Sie sagte beruhigend zu mir: „Es wird einfach sein, als sei ich auf eine lange Reise gegangen." Sie glaubte, daß ihre Arbeit hier abgeschlossen wäre und daß es Zeit für sie wäre, weiterzugehen. Als sie hinüberging, vermißte ich sie zutiefst und wünschte, sie hätte länger bei uns bleiben können. Dennoch war ich in der Lage, Trost in dem Gedanken zu finden, daß sie auf einer Reise wäre, daß es nicht der Tod war, in den sie eintrat, sondern eine andere Phase des Lebens selbst. Ihr zuversichtlicher Glaube an Gott und an das Leben trug uns alle, die wir sie kannten, und machte uns zu besseren Menschen, inspirierte uns, dem Leben mehr zu geben, das Leben für uns und auch für andere sinnvoller zu machen.

Die Furcht vor dem Tod wird überwunden, wenn wir unsere Furcht vor dem Leben überwinden. Wenn wir vor allem anderen Angst haben, dann ist auch der Tod keine Ausnahme. Je mehr wir kleine Ängste überwinden, desto mehr wagen wir, voll zu leben, desto mehr machen wir jeden Tag zu einem Tag, an dem wir dem Leben und anderen Menschen von uns selbst geben, desto mehr sind wir fähig, mit der Furcht vor dem Tode umzugehen. Wir finden das Leben so gut, daß wir wissen, daß, was immer die Zukunft bringen mag, auch gut sein wird.

Wir können ein so zuversichtliches Vertrauen zu Gott entwikkeln, wir können unseren Glauben an die uns nie im Stich lassende Gegenwart Gottes so steigern, daß wir selbst angesichts des Todes Glauben haben, furchtlos sind. Wir wissen, daß Gottes Liebe mit uns und unseren Lieben ist, daß, wenn sich auch alle Dinge ändern, das Leben ewig ist. Wir sehen über das menschliche Selbst hinaus auf das von Gott geschaffene Christusselbst, das unzerstörbar, unsterblich, vollkommen ist.

Wir haben den Glauben, fest überzeugt zu sein, daß das Leben mehr ist als eine Spanne von ein paar Jahren, daß unser Leben nicht mit der Geburt angefangen hat und auch nicht mit dem Tod aufhört. Wir sind immer ein Teil des Lebens gewesen und werden es immer sein, wenn auch das Wie oder Warum für jetzt noch ein Geheimnis bleiben mag. Aber das Leben selbst ist ein Geheimnis: *Denn wir sehen jetzt [nur wie] mittels eines Spiegels in rätselhafter Gestalt* (I. Kor. 13:12).

Furchtlos im Leben, furchtlos im Tode, können wir diejenigen loslassen, die die Szene verlassen, und sehen, wie sie vorwärts gehen, spirituelle Statur erlangen, ihre Christusidentität erfüllen. Wenn sie auch aus unserem Gesichtskreis und aus dem Bereich unseres Hörvermögens entschwunden sind, sind wir doch immer und auf ewig eins mit ihnen im Geist, eins mit ihnen in der Liebe Gottes.

Denn ich bin dessen gewiß, daß weder Tod noch Leben, weder Engel noch Gewalten, weder Gegenwärtiges noch Zukünftiges, noch Kräfte, weder Hohes noch Tiefes, noch irgendein andres Geschöpf uns zu scheiden vermag von der Liebe Gottes, die in Christus Jesus ist, unsrem Herrn (Röm. 8:38-39).

Diese Worte geben uns eine wunderbare Grundlage für furchtloses Leben. Komme, was kommen mag, wenn uns auch die Wechselfälle des Lebens herausfordern mögen, es gibt nichts zu fürchten. Wir können nie von der Liebe Gottes getrennt werden!

Mein Eigentum
wird zu mir kommen

Wenn wir das Wort *Gerechtigkeit* hören, mögen wir an Gesetzesstifter, an den Obersten Gerichtshof, die Verfassung, eben an alles denken, was in legalem Sinne das Konzept der Gerechtigkeit ausmacht – Gerichtsfälle, Strafverfolgung, gesetzliche Verwicklungen. Oder das Wort *Gerechtigkeit* mag den Gedanken an einen Tag des Gerichts in uns wachrufen. Wir mögen an Gerechtigkeit in Begriffen von Strafe und Vergeltung denken.

Was für einen Gedanken das Wort *Gerechtigkeit* auch in uns wachruft, es mag nur als abstrakte Idee erscheinen, solange wir nicht in unserem Leben mit einer Situation konfrontiert werden, die ungerecht erscheint. Oder es kann sein, daß wir nicht persönlich damit zu tun haben, aber bewegt und betroffen sind, weil einem anderen augenscheinliches Unrecht zugefügt worden ist. Dann wollen wir Gerechtigkeit; wir beten darum, daß Gerechtigkeit geschehen möge.

An diesem Punkt ist es wichtig, daß wir einen starken und festen Glauben an das göttliche Gesetz der Gerechtigkeit haben, an das Gesetz, das über dem von Menschen gemachten Gesetz steht und darüber hinausgeht, das Gesetz, das immer den richtigen Ausgang aller Dinge sicherstellt.

Die Idee der Gerechtigkeit muß sich auf die Wahrheit gründen, daß Gottes Gesetz der Gerechtigkeit immer am Werk ist, daß sich letzten Endes, ungeachtet aller äußeren Anzeichen, Gottes Gesetz der Gerechtigkeit immer durchsetzt.

Die Idee der Gerechtigkeit muß sich auch auf die Wahrheit gründen, daß niemand unseren Platz besetzen kann, daß niemand uns unser Gutes wegnehmen kann, daß unser Eigentum nach göttlichem Gesetz zu uns kommt. Diese Erkenntnis macht uns frei von unglücklichen Vergleichen zwischen uns und anderen.

Diese Erkenntnis hilft uns, zu erkennen, daß wir von Gott geliebt werden und unseren eigenen wichtigen Platz und unsere eigene wichtige Rolle in der Welt zu erfüllen haben.

Hast du jemals einen Menschen gekannt, der das Gefühl hatte, die Welt wäre gegen ihn, der das Gefühl hatte, er würde ungerecht behandelt, der glaubte, andere nutzten ihn aus? Ein Gefühl, ungerecht behandelt zu werden, kann in uns entstehen und in uns anwachsen, manchmal ohne daß wir uns dessen bewußt sind. Es gibt Menschen, die immer das Gefühl haben, daß alle anderen besser wegkommen als sie.

Da gibt es die Geschichte von dem kleinen Jungen, der, als seine Mutter ein Stück Kuchen abschnitt, sagte: „Das alles für Oma?" Die Mutter sagte: „Nein, das ist dein Stück." „Für mich?", sagte der kleine Junge. „Ach, was für ein kleines Stück!" Die Vorstellung, ungerecht behandelt zu werden, kann schon anfangen, wenn wir kleine Kinder sind. Einmal war ich bei einer Geburtstagsfeier im Kreise einer Familie. Das kleine Mädchen, das acht geworden war, hatte einen Kuchen mit Kerzen. Ihr kleiner Bruder, fünf Jahre alt, dessen Geburtstag gerade erst vor ein paar Wochen gefeiert worden war, fühlte sich ungerecht behandelt, weil er diesmal nicht auch einen Kuchen hatte.

Manchmal tragen auch Erwachsene diese kindischen Gefühle mit sich herum. Sie fühlen sich unfair behandelt und übergangen, wenn jemand anders etwas hat, was sie selbst haben wollen oder wovon sie glauben, daß es ihnen fehlt.

Erinnerst du dich an die Parabel vom Verlorenen Sohn, wie sich der ältere Bruder ungerecht behandelt fühlte und maulte und sich weigerte, ins Haus zu gehen, wo wegen der Rückkehr seines jüngeren Bruders fröhlich gefeiert wurde? Er beschwerte sich bei seinem Vater, daß er ein gehorsamer Sohn gewesen sei, daß er zu Hause geblieben sei, daß er sich seinen Verpflichtungen nicht entzogen hätte. Jetzt werde sein jüngerer Bruder, der sein Erbe mit wüstem Leben verschwendet habe, wie ein heimkehrender Held behandelt – ein Goldring für den Finger, das gemästete Kalb zur Feier des Tages.

Aber der Vater sagte zu dem älteren Sohn: „Mein Sohn, du bist immer bei mir, und alles, was mir gehört, gehört auch dir."

Das ist es, was wir erkennen müssen. Niemand kann unseren Platz einnehmen. Wir können uns über das Glück anderer freuen, wir können anderen alles Gute wünschen, wir können wissen, daß Gottes Liebe weit genug, verständnisvoll genug ist, so daß niemand jemals außen vor gelassen wird. Wir werden nie übersehen, nie ausgelassen. Alles, was der Vater hat, gehört auch uns.

Ich hörte kürzlich jemanden halb im Spaß sagen: „Ich möchte nicht haben, was ich verdiene!" Nun, diese Art von Bemerkung offenbart ein Gefühl der Unwürdigkeit, ein Gefühl, daß wir auf irgendeine Weise bestraft werden sollten. Was wir als Kinder Gottes verdienen, ist nur das Beste. Gottes Wille ist das Gute. Wenn wir die Idee der Liebe als das Gesetz der Gerechtigkeit akzeptieren, werden wir uns unter dem Gesetz der Liebe fühlen und erkennen, daß wir nicht durch das gebunden oder begrenzt oder zurückgehalten werden, was wir als unfaire oder ungerechte Zustände angesehen haben. John Burroughs schrieb diese schönen Zeilen:

Heiter falte ich meine Hände und warte,
Sorge mich nicht um Wind, Flut und Meer;
Ich wüte nicht mehr gegen Zeit oder Schicksal,
Denn siehe, mein eigen wird zu mir kommen.

Statt auf Ungerechtigkeit zu schimpfen, statt uns unfair oder ungerecht behandelt zu fühlen, laßt uns lieber unsere Gedanken und Gefühle auf eine höhere Ebene bringen, laßt uns unseren Glauben auf eine höhere Ebene bringen.

Wir werden von Gott geliebt. Unser Eigentum kommt nach göttlichem Gesetz zu uns. Gottes Gesetz der Gerechtigkeit und Harmonie ist immer und in allen Situationen am Werk.

Glaub es nicht

Was wir glauben, ist wichtig; und was wir nicht glauben, ist auch wichtig. Wir müssen in unseren Gedanken und Gebeten sowohl bejahen als auch verneinen. Es gibt Zeiten, in denen wir einen entschiedenen Standpunkt einnehmen und angesichts der Furcht vor irgendeinem Zustand oder einer Erfahrung sagen müssen: *Ich glaube nicht an dich!*

Selbst jemand, der beständig betet und von einem starken Gefühl für Gottes Gegenwart und Macht erfüllt ist, mag nicht vollkommen frei sein von furchtsamen Überzeugungen oder ganz unbeeinflußt von furchterfüllten Andeutungen, die von anderen gemacht werden.

Falls es etwas gibt, was wir gerne tun möchten, wenn wir uns dazu gedrängt fühlen, in uns schlummernde Talente und Kräfte zu entwickeln, und entweder wir selbst oder jemand anders zu uns sagt: „Es ist zu spät, um noch einmal anzufangen", dann laßt uns furchtlos erklären: *Ich glaube es nicht! Es ist nie zu spät, Gott zum Ausdruck zu bringen oder die Kräfte und Fähigkeiten hervorzurufen, mit denen ich geschaffen wurde.*

Falls wir uns ungeliebt, unerwünscht oder allein fühlen, laßt uns zu uns selbst sagen: *Ich glaube es nicht! Ich bin nie allein, denn ich bin auf immer eins mit Gott. Gott liebt mich mit einer ewigen Liebe. Durch die Liebe Gottes ziehe ich Liebe zu mir hin. Durch das Wissen, daß ich geliebt bin, bin ich in der Lage, Liebe und Glück in das Leben anderer auszustrahlen.*

Falls wir uns davor fürchten, alt zu werden, dann laßt uns diese Furcht verneinen. Laßt uns sagen: *Ich glaube es nicht! Ich bin eins mit dem ewigen, unerschöpflichen Leben des Geistes. Meine Kraft wird erneuert; meine Jugend wird erneuert. Das Leben Gottes in mir ist zeitlos, unendlich.*

Falls wir jemals geneigt sind, anzunehmen, daß andere Personen uns entgegenarbeiten, daß wir ungerecht behandelt werden, laßt uns zu uns selbst sagen: *Ich glaube es nicht! Es gibt keine Kritik oder Verurteilung in mir, für mich oder gegen mich. Ich stehe unter dem Gesetz der göttlichen Liebe, und nur Gutes und Gerechtigkeit können sich in meinen Lebenserfahrungen manifestieren.*

Falls wir uns danach sehnen, uns zu ändern, uns aber vor Veränderung fürchten, laßt uns unser Bewußtsein von Furcht befreien. Laßt uns zu dem Gedanken, daß Veränderung etwas zum Fürchten sei, sagen: *Ich glaube es nicht! Gott ist durch jede Veränderung hindurch bei mir. Ich habe ein freies und flexibles Bewußtsein und einen freien und beweglichen Geist. Ich bin nicht durch alte Gedanken und alte Verhaltensweisen gebunden. Ich bin auf einem aufwärts führenden Weg, getragen von Gottes liebevoller Gegenwart. Ich bin ein neues Geschöpf in Christus.*

Falls wir in Zeitdruck sind und denken, wir hätten nicht die Zeit, die Dinge zu tun, die wir tun müssen oder tun wollen, erinnern wir uns an die Wahrheit, indem wir zu diesem Glauben an einen Zeitmangel sagen: *Ich glaube es nicht! Ich habe alle Zeit in der Welt. Niemand hat mehr Zeit, als ich habe. Es gibt keinen Zeitmangel. Ich danke jetzt für Ordnung in meinem Leben, Ordnung in meinem Denken und Ordnung in meinen Angelegenheiten. Ich weiß, daß ich, wenn ich Gott durch mich wirken lasse, Zeit habe, alles, was von mir gefordert wird, mühelos und vollkommen zu erledigen.*

Falls wir an irgendeine Gewohnheit gebunden sind, von der wir gerne frei sein möchten, bei der wir jedoch das Gefühl haben, es sei uns unmöglich, sie aufzugeben, laßt uns erklären: *Ich glaube es nicht! Größer ist der, der in mir ist, als der, der in der Welt ist. Der Geist in mir ist größer als jede Gewohnheit. Der Geist in mir macht mich jetzt frei. Ich stehe furchtlos für die Freiheit ein, und ich besitze Selbstbeherrschung und vollkommene Kontrolle.*

Falls wir Momente der Niedergeschlagenheit haben und das Gefühl haben, wir seien unbedeutend oder wertlos, dann laßt uns dieses Gefühl zurückweisen. Laßt uns sagen: *Ich glaube es nicht!*

Ich bin Gottes geliebtes Kind, an dem Er Wohlgefallen hat. Ich bin für Gott und für Gottes Schöpfungsplan wichtig.

Falls die Dinge sich nicht so entwickeln, wie wir es gehofft hatten, und wir versucht sind, aufzugeben und zuzugeben, daß wir versagt haben, laßt uns zu unseren Zweifeln und Ängsten sagen: *Ich glaube es nicht! Bei Gott sind alle Dinge möglich!*

Falls das Urteil „unheilbar" ausgesprochen worden ist, laßt uns fest in unserem Glauben bleiben. Laßt uns furchtlos sagen: *Ich glaube es nicht! Gott ist in der Lage, alle und jede Krankheit zu heilen!*

Falls wir über uns denken, wir hätten negative geistige oder körperliche Veranlagungen geerbt, laßt uns zu uns sagen: *Ich glaube es nicht! Gott ist die eine Quelle von allem, und mein Erbe ist von Gott. Ich erbe nur Leben und Stärke und Gesundheit. Ich erbe nur einen vollkommenen Geist und Körper von Gott.* Falls wir jemals von den Propheten des Unheils in Schrecken versetzt werden und in das Denken verfallen, die Welt werde immer schlimmer und wir würden alle zerstört werden, laßt uns furchtlos erklären: *Ich glaube es nicht! Dies ist Gottes Welt, und Gott hat sie in Seiner Obhut. Alle Dinge stehen unter Gottes Liebe und Schutz, und es gibt nichts zu fürchten. Gott ist ewiges, unwandelbares Gutes, und Gott ist auf immer mit uns, unser Führer, unsere Hilfe, unsere Kraft.*

In jeder Lebenserfahrung müssen wir unseren Standpunkt beziehen; wir müssen den Mut haben, zu der Furcht zu sagen: „Ich glaube nicht an dich!" Wir müssen den Glauben haben, zu bejahen, daß wir an Gott, an Gottes Macht, an Gottes Güte glauben. Laßt uns daran denken, daß wir Gottes Kinder sind, geschaffen nach Gottes Bild und Gleichnis. Laßt uns daran denken, daß mit Gott alle Dinge möglich sind und daß Gottes Macht, die durch uns wirkt, unsere Körper stärkt und heilt, unsere Angelegenheiten bereichert und segnet und unser Leben harmonisiert und verwandelt.

Zu allem, was weniger als Gott oder als das Gute ist, laßt uns furchtlos sagen: *Ich glaube nicht an dich!*

Selbst wenn dein Herz
dich verurteilt

Wahre Heilung ist die Heilung der ganzen Person. Wir sind drei-faltige Wesen – Geist, Seele und Körper –, und was eine Schicht des Seins berührt, berührt alle drei. Wir arbeiten auf eine nur teilweise Heilung hin, wenn wir nur für den Körper beten.

Falls ich einen Schmerz in meinem Körper habe, weiß ich, daß etwas physisch verkehrt ist. Aber ich muß über das Offen-sichtliche hinausgehen, um eine vollkommene Heilung zu erhal-ten, denn wie ich mich fühle, ist nicht immer ein verläßlicher Hinweis darauf, was verkehrt ist. Soweit es nach meinem Ge-fühl geht, mag nur mein Körper krank erscheinen, während in Wirklichkeit mir vielleicht mein Körper auf seine eigene Weise sagt, daß er einen kranken Bewußtseinszustand ausdrückt, von dem ich nicht bewußt erkenne, daß ich ihn besitze.

Ohne mir dessen bewußt zu sein, betrüge ich mich vielleicht mit falschen Vorstellungen über mich selbst. Ich strebe vielleicht nach Leistungen, die nicht im Einklang mit meinen natürlichen Fähigkeiten stehen. Ich versuche vielleicht ein Leben zu führen, das meinem wahren Wesen fremd ist. Ich mag Gefühle der Furcht, des Hasses oder der Eifersucht in mir aufgestaut haben. Ich bin vielleicht von Selbstverachtung und Gefühlen der Un-würdigkeit erfüllt. Ohne es zu wissen, mag ich daher Konflikte und Frustrationen in mir aufgebaut haben, die Körper, Seele und Geist dazu bringen, laut zu protestieren.

Der Protest des Körpers wird am einfachsten wahrgenommen, denn wir können die Schmerzen des Körpers nicht so ignorieren oder leugnen, wie wir es bei seelischen oder geistigen Schmer-zen tun. Es ist richtig, daß wir daran arbeiten sollten, den Kör-per zu heilen, den Schmerz zu überwinden, aber wir sollten auch auf die Wiederherstellung unserer Seele hinarbeiten, auf die Heilung unseres Bewußtseins, auf die Überwindung unserer inneren Konflikte und Frustrationen, wenn wir wahre Heilung erfahren wollen.

Der Weg, um dies zu tun, ist, die Wahrheit über uns zu erkennen. *„Ihr werdet die Wahrheit erkennen, und die Wahrheit wird euch frei machen"* (Joh. 8:32). Die Wahrheit über uns ist, daß wir mehr sind als nur ein Körper und ein Bewußtsein; wir sind spirituelle Wesen, begabt mit der Macht des Höchsten. Gottes eigener Geist ist in uns, und Gottes Wille für uns ist gut über alles hinaus, was wir uns für uns selbst vorstellen können. Menschlich mögen wir versagen, aber stets sieht uns Gott als spirituelle Wesen.

Unsere Gefühle sagen uns nicht immer die Wahrheit. Weil du eine ganze Reihe von Jahren lang das Gefühl gehabt hast, du seist eine bestimmte Art von Mensch, heißt das noch nicht notwendigerweise, daß das stimmt. Du magst geglaubt haben, es fehle dir an Intelligenz oder Tüchtigkeit; du magst das Gefühl gehabt haben, du würdest nicht geliebt oder seist wertlos; du magst das Gefühl gehabt haben, das Glück sei nicht für dich bestimmt. Was immer du über dich selbst geglaubt hast, was bewirkt hat, daß du dich unwürdig, unsicher, ungewollt oder unzulänglich gefühlt hast, ist nicht wahr, egal wie sehr die Meinung anderer Leute es zu bestätigen scheint. Dein Herz mag dich verurteilen, aber Gott in dir kennt nur die Wahrheit über dich.

Wenn unsere Gefühle unser Bewußtsein irregeführt haben, ist es nicht unlogisch, anzunehmen, daß unsere Gefühle auch unseren Körper irregeführt haben. Wenn ich krank bin, dann mag das zwar wegen „etwas, was ich gegessen habe", sein; wahrscheinlich ist es aber wegen etwas, was ich gefühlt oder gedacht habe.

Wahre Heilung ist Heilung der ganzen Person – Geist, Seele und Körper. Wahre Heilung ist das Ergebnis des bewußten Erkennens der Wahrheit über uns, der Wahrheit, daß wir spirituelle Wesen sind, geschaffen nach Gottes Bild und Gleichnis, ganz, rein, vollkommen, sündenfrei, unsterblich.

Deine Seele trifft weitreichende Entscheidungen

„Nicht ihr habt mich erwählt, sondern ich habe euch erwählt" (Joh. 15:16). Es hilft mir zu glauben, daß das Leben mehr ist als eine Kombination von Umständen, daß die Dinge nicht zufällig geschehen. Es hilft mir zu glauben, daß der Christusgeist in mir einen Weg des Fortschritts und der Entfaltung für mich gewählt hat, wenn ich auch menschlich nicht begreifen mag, wie die Ereignisse und Umstände meines Lebens irgendeine spirituelle Bedeutung haben.

In gewissem Sinne treffe ich bewußt meine Entscheidung im Leben. Ich entscheide mich für dieses Vorgehen, ich entscheide mich gegen jenes. Aber es muß so sein, daß meine Seele Entscheidungen trifft, die über mein bewußtes Wollen hinausgehen. Wenn ich glaube, daß nichts zufällig geschieht, dann muß daraus folgen, daß meine Seele zu einer bestimmten Zeit, an einem bestimmten Ort die Geburt gewählt hat. Bewußt habe ich nicht die Entscheidung getroffen, geboren zu werden, ich habe mir das Datum meiner Geburt nicht ausgesucht, ich habe mir meine Eltern oder meine Brüder und Schwestern nicht ausgesucht. Aber ich glaube, daß ich aus einem Grund bin, was ich bin, und bin, wo ich bin, und daß meine Seele, mit einem Wissen, das über mein bewußtes Vernunftvermögen hinausgeht, mit unbeirrbarer Weisheit den Weg dieses meinen menschlichen Lebens wählte.

Nicht ihr habt mich erwählt, sondern ich habe euch erwählt. Der Christus in uns sagt dies zu uns, so wie Jesus es zu seinen Jüngern sagte. Bevor wir bewußt vom Christus wußten oder darüber hörten, hatte uns sein Geist schon als Aufenthaltsort auserwählt. *„Ehe Abraham war, bin ich"* (Joh. 8:58). Bevor wir geboren wurden, wurden wir spirituell mit Christus identifiziert.

Es gibt viele Dinge im Leben, die wir erfahren, wenn auch

nicht aufgrund eigener Entscheidung. Wenn wir mit etwas Schwierigem fertigwerden müssen, fragen wir uns, warum wir uns damit auseinandersetzen müssen. Wir würden, wenn wir es könnten, uns erfahrungsmäßig etwas bei weitem anderes aussuchen. Es muß so sein, daß unsere Seele auf Arten und Weisen, die wir nicht verstehen, ihre Entscheidungen trifft; und was die Seele wählt, das kann sie auch bewältigen. Innerlich mögen wir das Gefühl haben, daß eine Situation über unsere Kräfte geht, daß wir unmöglich damit fertigwerden können, aber es gibt etwas in uns, das immer dazu in der Lage ist, das bereit ist, allem zu begegnen, womit wir konfrontiert werden. Die Seele sucht nach Erfüllung, sie sucht Einssein mit Christus. Manchmal sind die schwierigsten Erfahrungen jene, durch die unsere Seele am meisten entwickelt wird, in denen wir einem Bewußtsein für uns selbst als spirituelle Wesen am nächsten kommen.

Hast du dich je nach dem Grund für bestimmte Dinge gefragt? Hast du dich gefragt, warum du im Leben da bist, wo du bist, warum du tust, was du tust, warum dein Leben diese Wendung genommen zu haben scheint? Auch wenn du diese Fragen von einem menschlichen Standpunkt aus nicht beantworten kannst – das heißt, nicht wirklich beantworten kannst –, kannst du eine befriedigende Antwort in der Erkenntnis der Wahrheit über dich selbst finden. Wenn du erkennst, daß du ein spirituelles Wesen bist, eine lebendige Seele, die von Gott ausgesendet wurde, daß dein Leben ohne Anfang oder Ende ist, kannst du anfangen, dich und die Ereignisse deines Lebens aus einer anderen Perspektive zu sehen. Du bist essentiell ein spirituelles Wesen, aber du bist gleichzeitig ein menschliches Wesen. Deine Reise im Leben führt auf das Spirituelle zu, auf die vollkommene Erneuerung und Vergeistigung von Bewußtsein, Seele und Körper.

Als ein menschliches Wesen magst du weit von dem Ziel spiritueller Vollkommenheit entfernt scheinen, aber menschliche Argumentation kann dir weder sagen, wie weit weg du davon bist, noch wie nahe du diesem Ziel bist. Spirituelle Dinge müssen spirituell wahrgenommen werden. Der Geist in dir, Christus in dir, sagt dir, daß du Gottes geliebtes Kind bist. Der Geist in dir kennt dein Bedürfnis nach Wachstum, nach Verständnis, und der Geist in dir sagt „gut gemacht", wenn du einen Sieg errungen hast. Du magst dein eigenes Bedürfnis noch nicht einmal erkannt haben, aber die Erfahrungen deines Lebens schienen dich beinahe zu zwingen, Eigenschaften des Bewußtseins, des Herzens und der Seele hervorzurufen, von denen du nicht einmal wußtest, daß du sie besaßest.

Manchmal scheint die Entscheidung der Seele größere Anforderungen an uns zu stellen als irgendeine, die wir bewußt selbst treffen würden. Menschlich fühlen wir uns oft begrenzt, unzulänglich; wir haben das Gefühl, daß wir wie nichts sind, daß andere Leute in größerem Maße gesegnet sind, talentierter sind, eher in der Lage sind, der Welt etwas Bedeutendes zu geben. Aber die Seele trifft für uns weitreichende Entscheidungen. Die Entscheidungen der Seele werden nicht durch einen Mangel an Bildung oder durch den familiären Hintergrund oder Geld oder irgendeinen der vielen Mängel begrenzt, die unseren menschlichen Wunsch nach Leistung zu vereiteln scheinen.

Die Seele trifft weitreichende Entscheidungen, weil sie weiß, daß Christus sie erwählt hat und sie dazu bestimmt hat, weiter voranzugehen. Wo wir menschlich Angst haben, da entscheidet sich die Seele furchtlos dafür, durch das „finstere Tal", das „Tal des Todesschattens" selbst zu gehen, denn sie kennt weder Leben noch Tod, sondern nur Fortschritt.

Wenn du an einem Ort in deinem Leben bist, wo du nicht begreifen kannst, warum du die Dinge bewältigen mußt, die du bewältigen mußt, dann wisse, daß es eine göttliche Ursache hinter jedem menschlichen Geschehen gibt. Egal worin die Ereignisse bestehen, denen du begegnen mußt, du bist ihnen in deiner göttlichen Natur mehr als ebenbürtig. Deine Seele hat den speziellen Weg, den dein Leben einschlägt, gewählt, weil es der Weg ist, der aus der Dunkelheit ins Licht führt. Christus in dir macht dich in allen Dingen zu mehr als einem Sieger.

Glaube dies, handle aus dieser Überzeugung heraus, und du

wirst jede Prüfung siegreich bestehen, du wirst jeder Schwierig-
keit begegnen und sie überwinden, du wirst ruhmreich daraus
hervorgehen.

Du hast die Freiheit der Wahl

Das englische Wort für „wählen" (*choose*) kommt von einem lateinischen Wort her, *gustare*, was „schmecken", „probieren" bedeutet. Im Buch Hiob lesen wir:

„Denn das Ohr soll die Rede prüfen,
wie der Gaumen die Speise kostet.
Das Rechte wollen wir uns erwählen,
miteinander erkennen, was gut sei." (Hiob 34:3-4)

Zu wählen heißt, auszusuchen, besonders, freiwillig und nach reiflicher Überlegung auszusuchen. Eine Wahl ist eine Gelegenheit, frei zu wählen.

Moses sagte zu den Kindern Israels: *„Leben und Tod habe ich euch vorgelegt, Segen und Fluch; so erwähle nun das Leben, auf daß du am Leben bleibest"* (5. Mose 30:19).

Josua sagte zu den Kindern Israels: *„Gefällt es euch aber nicht, dem Herrn zu dienen, so wählet heute, wem ihr dienen wollt ... Ich aber und mein Haus, wir wollen dem Herrn dienen."* Und das Volk sagte zu Josua: *„Nein! dem Herrn wollen wir dienen."* Daraufhin sagte Josua zum Volk: *„Ihr seid Zeugen gegen euch selbst, daß ihr euch den Herrn erwählt habt, ihm zu dienen"* (Jos. 24:15, 21, 22).

Im Buch Jesaja lesen wir: *„Sahne und Honig wird er essen, bis er versteht, das Böse zu verwerfen und das Gute zu wählen"* (Jes. 7:15).

In Psalm 119:30 lesen wir: *Den Weg der Wahrheit habe ich erwählt.*

Und Jesus sagte zu Martha, die wegen vieler Dinge beunruhigt und besorgt war, sie müßte den *guten Teil* erwählen, wie es Maria getan hätte.

Das Leben ist wirklich eine Sache der Entscheidungen. Robert Frost sagt in seinem Gedicht „Der nicht beschrittene Weg" (*The Road Not Taken*):

Zwei Wege trennten sich in einem Wald, und ich –
Ich wählte den, der weniger bereist, für mich.
Das machte allen Unterschied.

Wir kommen auf unserer Reise durch das Leben an viele Kreuz-
wege, viele Wendepunkte. Welchen Weg sollen wir einschlagen?
Es ist an uns zu wählen.

Charles Fillmore sagt: *Wir können sein, was wir uns zu sein
entscheiden. Wir können Herren sein, oder wir können Diener
sein. Es bleibt uns überlassen, ob wir im Leben die hohen Plätze oder die niedrigen Plätze einnehmen, ob wir dienen oder be-
dient werden, führen oder geführt werden oder kränklich oder
gesund sind.*

Das ist der Kernpunkt der Unity-Lehren, daß wir die Wahl
haben, daß wir nicht nur wählen können, sondern daß wir die
gottgegebene Macht haben, unser Denken zu ändern, unser Leben durch unsere Entscheidungsfreiheit zu ändern.

Unity hört häufig von Leuten, die uns mitteilen, daß sich ihre
Lebensweise aufgrund des neuen Verständnisses, zu dem sie gelangt sind, verändert hat. Sie sehen sich in einem neuen Licht.
Sie verspüren ihr Einssein mit Gott, ihr Einssein mit Gottes Gegenwart und Macht. Wenn wir den Weg der Wahrheit einschlagen, wenn wir uns entscheiden, unserer inneren Führung zu folgen, das macht, wie der Dichter gesagt hat, allen Unterschied
aus.

Wir mögen auf dem Wege schlechte Entscheidungen getroffen haben, aber wir sind nicht an frühere Fehler oder Mißerfol-
ge gebunden. Wir können die Richtung unseres Lebens ändern,
wir können den Weg der Heilung, des Erfolges und des Glücks
wählen.

Ich las in der Zeitung von einem Mann über siebzig, der die
Schule verlassen hatte, als er zehn Jahre alt war. Sein ganzes
Leben lang war er mehr oder weniger ein Hilfsarbeiter und ziel-
los Treibender gewesen. Er war im Krankenhaus und erholte sich
von einer Operation, als er im Fernsehen einen Bericht darüber
sah, wie man sich für ein dem Abitur gleichwertiges Zeugnis

qualifizierte. Er dachte bei sich: „Warum nicht?" Als er aus dem Krankenhaus kam, informierte er sich über Kurse und notwendige Prüfungen und begann zu lernen. Er bekam sein Abiturzeugnis und ist jetzt dabei zu studieren. Er sagte, daß es ihm eine ganz neue Lebens- und Gedankenwelt eröffnet habe. Sicherlich traf er eine Entscheidung, die in die richtige Richtung ging, eine Entscheidung, die die meisten Leute für einen Mann mit einem solchen Hintergrund, für einen Mann in seinem Alter und in seiner Lebensstellung als unmöglich angesehen haben würden.

Ich habe das Gefühl, daß wir nicht nur wählen, sondern daß wir erwählt werden. Jesus sagte: *Nicht ihr habt mich erwählt, sondern ich habe euch erwählt und euch dazu bestimmt, daß ihr hingeht und Frucht tragt und daß eure Frucht bleibe.* Wir sind auserwählt, den Christus zum Ausdruck zu bringen. Wir mögen uns fragen, warum wir hier sind, was unser Lebenszweck ist. Ob wir uns dessen bewußt sind oder nicht, wir sind auserwählt worden, um unsere ureigene uns zugewiesene Rolle zu erfüllen. Wir sind, wo wir sind, aufgrund einer göttlichen Bestimmung.

Charles Fillmore sagt: *Wir sind alle die Erwählten des Herrn, und wir schließen den Vertrag, der uns in Seine sichtbare Gegenwart trägt, indem wir das persönliche Selbst ablegen und das universelle Selbst annehmen. Christus ist es, der in den Tiefen unserer Seele donnert: „Wer sagt ihr, daß ich sei?"*

Wir wählen bewußt, und wir wählen unbewußt. Jedes Gebet ist eine Wahl, jede Bejahung ist eine Wahl. *„Ich aber und mein Haus, wir wollen dem Herrn dienen."* Das ist es, was du jedesmal sagst, wenn du dich entscheidest, Glauben aufzubringen, jedesmal, wenn du dich entscheidest, dein Einssein mit Gott, dein Einssein mit Gottes Licht, Liebe, Weisheit und Macht zu bejahen.

Wir können zu jedem Zeitpunkt den Tenor unseres Denkens ändern und so auch den Tenor unseres Lebens ändern.

Gott hat uns die Fähigkeit gegeben zu denken, zu lernen, gutes Urteilsvermögen anzuwenden, glückliche und effektive Wege im Leben zu wählen. Es sind uns wunderbare Kräfte und Vermögen gegeben worden, aber wir müssen sie anwenden. Wir müssen aus der angeborenen Weisheit und dem gesunden Rat in uns schöpfen.

Wenn wir darum beten, daß uns gezeigt wird, was wir tun sollen, um unser Leben in Einklang mit Gottes Güte zu bringen, wenn wir darum beten, Einsicht, Unterscheidungsfähigkeit und gutes Beurteilungsvermögen zu bekommen, dann wird uns die Weisheit gegeben werden, ohne Irrtum auf Arten und Weisen zu handeln, die gute Ergebnisse hervorbringen, auf Arten, die uns und auch andere segnen.

Freiheit der Wahl! Laßt uns den Weg der Wahrheit wählen, den Weg der Heilung, den Weg des Erfolges, den Weg des Glücks.

Freiheit der Wahl! Die Richtung und das Vorgehen, die wir wählen, der Weg, den wir einschlagen, sie können den ganzen Unterschied ausmachen.

Du bist ein Wunder

Hast du dich je wie ein häßliches kleines Entlein gefühlt? Ich ja. Ich denke, wir alle haben Zeiten, zu denen wir uns 'aus dem Tritt geraten' fühlen, Zeiten, in denen wir unseren Wert und unsere Fähigkeit anzweifeln. Wir mögen uns einsam und ungeliebt fühlen.

Eine Freundin beschrieb die Zeiten, in denen sie sich als häßliches kleines Entlein fühlte, als „Mitleidsparties". Wenn wir uns dabei erwischen, daß wir denken: „Ich Armer!", dann ist es an der Zeit, daß wir uns so schnell wie möglich daran erinnern, daß dieses Gefühl des Unglücklichseins und des Abgelehntwerdens nicht die Wahrheit über uns ist.

Das häßliche kleine Entlein war unglücklich, weil es nicht wußte, was es war oder was aus ihm werden würde. Es wollte etwas sein, was es nicht war, wo es doch die ganze Zeit über zu etwas bestimmt war, das wunderbarer war, als es sich erträumt hatte oder für möglich gehalten hätte.

Die Geschichte vom häßlichen kleinen Entlein hat weltweite Anziehungskraft, weil es unsere eigene Geschichte ist. Wir akzeptieren ein Bild von uns als häßliches kleines Entlein und nehmen dabei nicht wahr, daß uns trotz der Wendungen und Kehren und Schwierigkeiten in unserem Leben Gottes Geist in uns auf wunderbare und wundersame Arten und Weisen bildet und formt.

Ich weiß von einer Frau, die jeden Grund hatte, sich wie das häßliche kleine Entlein zu fühlen. Sie wurde mit einem Zustand geboren, der ihren Körper so in Mitleidenschaft zog, daß sie Schwierigkeiten hatte, ihre Bewegungen zu kontrollieren, und sie hatte auch Schwierigkeiten, so zu sprechen, daß man sie verstehen konnte. Aber sie hatte ein aufgewecktes Bewußtsein und war in der Lage, einer Beschäftigung nachzugehen, die es nicht erforderlich machte, mit Publikum umzugehen.

In ihren Dreißigern fing sie an, mit einem Brieffreund in einem entfernten Staat zu korrespondieren. In ihren Briefen drückte sie ihr wahres Selbst aus, sie verlieh ihren Gedanken und Gefühlen Ausdruck, der Freude und Liebe, die sie in ihrem Herzen fühlte. Innerhalb kurzer Zeit verliebte sich ihr Brieffreund in sie. Er bat sie, ihn zu heiraten, und sagte, er käme, um sie zu sehen. Sie war am Boden zerstört. Sie hatte das Gefühl, sie hätte ihn getäuscht, und sie wußte, daß sie ihm die Wahrheit mitteilen mußte. Sie schrieb ihm und beschrieb dabei die Häßliches-Entlein-Sicht von sich selbst, die sie mit sich herumtrug. Sie bat ihn um Vergebung und glaubte, sie würde nie wieder von ihm hören. Aber innerhalb kürzester Zeit tauchte er auf der Szene auf und sagte ihr, daß sie für ihn wundervoll und schön sei, daß er sich in den wirklichen Menschen verliebt habe, der sie sei. In der Folge heirateten sie, bekamen ein Kind und haben sich eines guten Lebens erfreut. Das häßliche kleine Entlein war letztendlich doch ein Schwan!

Uns selbst zu erkennen, uns selbst so zu sehen, wie Gott uns sieht, an uns selbst zu glauben, zu wissen, daß Gott an uns glaubt, das ist es, was zu tun wir fähig sein möchten. Oberflächlich betrachtet mag unser Leben glücklich und erfüllt scheinen, aber hinter der Szenerie mögen wir uns weit entfernt von Zuversicht fühlen, wir mögen Befürchtungen wegen vieler Dinge haben. Das ist der Punkt, an dem wir unsere inneren Empfindungen durch freudige Bejahung ändern müssen.

Die höchste Bejahung der Wahrheit, die wir über uns selbst machen können, kann die herrliche Christusgegenwart in uns noch nicht einmal annähernd beschreiben.

Haben wir uns unzulänglich gefühlt? Christus in uns ist unser Licht, unsere Weisheit, unsere Kraft, zu tun und zu sein. Haben wir uns beiseite geschoben und von anderen abgeschnitten gefühlt? Christus in uns ist Liebe, die anziehend wirkt, Liebe, die uns eins macht, Liebe, die uns die Freude und Befriedigung gibt, die wir suchen.

Fürchten wir Veränderungen, das Aufbrechen von Dingen, die für uns Stabilität und Substanz bedeutet haben? Christus in uns ändert sich nicht. Christus in uns kennt keine Furcht. Christus in uns weiß, daß sich unser Leben auf eine Weise entfaltet, die richtig und gut ist, auf eine Weise, die unser spirituelles Wachstum, unseren spirituellen Fortschritt sicherstellt.

Wir sind gesegnet. Gott sieht uns als bemerkenswert an. Wir können noch nicht einmal ansatzweise all die Gründe aufzählen, die wir haben, um uns am Leben zu freuen, an jeder Minute davon.

Betrachte das Wunder, das du bist! Jemand kann sagen: „Ich kann nicht bejahen, daß ich wunderbar bin. Es klingt so selbstgefällig." Jeder, der auf diese Weise empfindet, muß verstehen, was eine Bejahung ist. Eine Bejahung hat nichts mit dem zu tun, was wir bereits sind. Wir mögen noch wachsen müssen, wir mögen noch viele Lektionen zu lernen haben, wir mögen weit davon entfernt sein, in unserem persönlichen Selbst vollkommen zu sein. Aber da ist dasjenige in uns, was vollkommen, rein, allweise, all-liebend, allmächtig ist. Wenn wir die Wahrheit bejahen, bejahen wir unser Einssein mit dem absoluten Guten, mit Gott.

Wenn wir die Wahrheit über uns selbst kennen – daß wir Kinder Gottes mit einem göttlichen Sinn und einer göttlichen Bestimmung sind –, dann sind wir von Freude erfüllt! Wenn wir uns zuversichtlich und fähig fühlen, wenn wir unsere Talente und Fähigkeiten gebrauchen, um unsere Lebensqualität und die von anderen zu steigern, dann sind wir von Freude erfüllt!

Was dich angeht, der du jetzt diese Worte liest, bejahe das Wunder, das du bist, glaube an das Wunder, das du bist. Sage zu dir: *Ich bin ein lebendiges, atmendes Wunder! Wie wunderbar ist die Macht Christi in mir; wie freudig ist das Lied des Lebens in mir; wie zutiefst innerlich befriedigend ist die Liebe Christi in mir!*

Du bist Gottes Bild

Hast du schon einmal darüber nachgedacht, wie dominant das Pronomen *ich* ist? Selbst der zurückhaltendste Mensch kann es nicht vermeiden, den größten Teil seines Denkens in der Ich-Perspektive zu vollziehen. Von dem frühen Alter an, in dem wir uns unserer selbst als Individuen bewußt werden, lebt jeder von uns in einer kleinen Welt für sich, die sich um das Fürwort *ich* dreht.

Da das so ist, ist es sicherlich wichtig, daß wir eine richtige Auffassung von dem Ich in uns haben, denn aus diesem Brennpunkt heraus nimmt unsere Welt Form und Gestalt an. Ich denke, ich spreche, ich handle, und mein Bewußtsein, mein Körper und meine Angelegenheiten folgen dem Schema, das für sie entworfen worden ist.

Wenn Jesus Christus aus dem Bewußtsein seines Einsseins mit Gott heraus sprach, benutzte er das Pronomen *ich* in seiner höchsten Bedeutung. Das wahre Ich in einem jeden von uns wird offenbart, wenn wir wie Jesus Christus unsere Einheit mit Gott erkennen. *„[Ich habe] die Herrlichkeit, die du mir gegeben hast, ihnen gegeben, damit sie eins seien, wie wir eins sind – ich in ihnen und du in mir – damit sie vollkommen eins seien, auf daß die Welt erkennt, daß du mich gesandt hast und sie geliebt hast, wie du mich geliebt hast"* (Joh. 17:22-23).

Wir alle haben zuzeiten den Schleier der Dunkelheit, des Unwissens und der Furcht durchbohrt, der unsere menschliche Sicht trübt, und die Wahrheit entdeckt, daß wir in der Tat spirituelle Wesen sind, daß das, was ewig in uns existent ist, nicht erst mit diesem körperlichen Leben anfing und auch nicht aufhört, wenn das körperliche Leben aufhört. Hast du nicht den Auftrieb und die Inspiration verspürt, die sich mit der Erkenntnis einstellen, daß in dir dasjenige ist, was immer gewesen ist, was nie besiegt werden, niemals sterben kann? Dies ist die größte Erkenntnis, zu der wir gelangen können: daß wir Kinder Gottes sind, geschaffen in Gottes Bild und nach Seinem Gleichnis. Es war diese Erkenntnis, die Jesus Christus Macht und Autorität gab. Er wußte, daß er der Sohn Gottes war, und deswegen wußte er, daß es nichts in der Welt gab, was für ihn unmöglich war.

Wie anders würden die meisten von uns auf unsere tagtäglichen Erfahrungen und Probleme reagieren, wenn wir ihnen immer so begegnen würden, wie es ein Kind Gottes tun würde. Wir sollten nicht von Furcht, Zweifel, Unentschlossenheit behindert werden. Wir sollten fühlen, daß die Macht Gottes durch uns wirkt, und wir sollten die Macht Gottes durch alle Menschen und alle Situationen wirken sehen. Es ist nicht wirklich schwierig, sich wie ein Kind Gottes zu verhalten. Wir müssen nicht stehenbleiben und überlegen, wie wir uns verhalten sollen; wir brauchen nur ohne Zögern dem Drängen des göttlichen Selbst in uns zu folgen. Unser Gutes, unser Glück kann so klein oder so groß sein, wie unsere Vision es zuläßt.

Wir können nicht mit Jesus Christus sagen: *„Ich und der Vater sind eins"* (Joh. 10:30) und dabei furchtsam, ängstlich oder unsicher bleiben. Wir können nicht mit ihm sagen: *„Wer mich gesehen hat, der hat den Vater gesehen"* (Joh. 14:9) und gleichzeitig albern oder unklug oder häßlich handeln. Wir können nicht sagen: *„Ich kann nichts von mir aus tun ...; denn ich suche nicht meinen Willen, sondern den Willen dessen, der mich gesandt hat"* (Joh. 5:30) und trotzdem eitel oder egoistisch oder selbstbezogen bleiben.

Wie Jesus Christus sollten wir ganz auf Gott konzentriert sein. Unsere Gedanken sollten nie beschränkt, negativ, furchtsam, selbstsüchtig sein. Sie werden es nicht sein, wenn wir uns als Kinder Gottes betrachten. Unsere Welt wird nicht auf persönliche, selbstsüchtige Grenzen eingeengt sein, sondern wird sich verbreitern und ausweiten und vertiefen. Tag für Tag können wir mehr wie Kinder Gottes handeln und weniger wie die schwachen, furchtsamen, behinderten menschlichen Wesen, für die wir uns gehalten haben.

Einige Leute haben Einwände dagegen, „Ich" in Bejahungen

zu gebrauchen. In aller Aufrichtigkeit und Demut zögern sie, Vollkommenheit im persönlichen Selbst zu erklären. Aber mit einem Verständnis des „Ich" als Gottes Namen für uns sehen wir, wie äußerst klug wir daran tun, die Vollkommenheit von Gottes Bild in uns zu erklären. Dadurch, daß wir das tun, werden wir in Gott und im Geist der Wahrheit zentriert. Je mehr 'gottzentriert' wir werden, desto mehr sind wir fähig, anderen Menschen zu helfen, desto mehr Licht strahlen wir aus. Niemand kann sich seines Selbst als eines Gotteskindes bewußt werden, ohne sich zur selben Zeit seiner Einheit mit allen Menschen bewußt zu werden. Wir sind ein Bewußtsein, ein Herz, ein Geist. Die Erkenntnis unserer Einheit mit Gott und unserer Einheit mit allen Menschen ist es, die bewirkt, daß wir in Frieden und Wohlwollen miteinander leben und die Segnungen von Gesundheit und Glück und Fülle genießen. *Ebendieser Geist bezeugt samt unsrem Geiste, daß wir Kinder Gottes sind. Sind wir aber Kinder, so sind wir auch Erben, nämlich Erben und Miterben Christi* (Röm. 8:16-17).

Deine Jugend ist wiederhergestellt

Ich erinnere mich, daß meine Mutter einmal zu mir sagte: „Ich fühle mich gar nicht alt! Ich fühle mich innerlich überhaupt nicht anders!"

Ich glaube nicht, daß sich jemals irgend jemand alt fühlt. Ein Mensch mag achtzig oder neunzig sein, aber Jahre haben keine Wirkung auf den inneren Geist, der immer jung ist. Der wichtige Teil von uns, unser wirkliches Selbst, bleibt unberührt von den Jahren; es ist immer vital, jugendlich und in Ewigkeit lebendig.

Eine Freundin schrieb mir. Sie sagte: „Morgen werde ich siebzig Jahre alt. Ich kann es nicht glauben. Gott sei Dank geht es mir körperlich gut; ich bin geistig wach; und ich bin in der Lage, unabhängig zu leben."

Wir mögen uns vor dem Alter fürchten. Wir mögen Schrecken bei dem Gedanken verspüren, wir könnten in unserer Aktivität eingeschränkt sein, wir mögen die Vorstellung schrecklich finden, wir könnten für unsere Familie und unsere Freunde zur Last werden oder für unsere Pflege und unser Wohlergehen von der Gesellschaft abhängig sein. Wenn wir in diesen Bahnen denken, können wir ein düsteres Bild aufbauen.

Wie meine Mutter, wie meine Freundin mögen wir überrascht sein zu entdecken, daß wir uns, wenn wir das Alter erreichen, das wir uns als Zeit des Altseins vorgestellt hatten, überhaupt nicht alt fühlen! Wir sind aktiv, glücklich, beschäftigt. Wir fühlen uns stark und gesund. Wir heben unsere Sicht auf eine höhere Ebene. Wir stellen fest, daß es noch eine Weile Zeit hat, bis wir 'alt werden'.

Ein Mann sagte, daß er nie jemanden als alt angesehen hätte, solange diese Person nicht mindestens fünfzehn Jahre älter war als er.

Die Furcht vor dem Alter hat wenig mit Jahren und viel mit

unserem Denken darüber zu tun. Das Alter, in dem wir sind, ist das bestmögliche Alter für uns, weil dies der Punkt ist, wo wir uns auf unserer Lebensreise befinden. Wenn wir schon viele Jahre gelebt haben, um so besser. Wenn wir erst ein paar Jahre gelebt haben, nur gut so. So oder so haben wir vieles, für das wir dankbar sein können, vieles zu lernen, vieles, auf das wir uns freuen können, und vieles, woran wir uns gerade heute freuen und woran wir heute teilnehmen können.

Die Anzahl der gelebten Jahre bringt viele Veränderungen mit sich, aber die Jahre selbst lassen uns nicht altern und verändern uns auch nicht. Wie wir unsere Jahre leben, macht den Unterschied aus. Unser Wachstum findet von innen her statt, unser Fortschritt wird von Aufwärtsschritten im Bewußtsein markiert, nicht von Daten im Kalender.

Wir alle haben das innere Gefühl, daß wir zu viel mehr fähig sind, als wir bis jetzt zum Ausdruck gebracht haben, und dieses Gefühl täuscht nicht. Wie zeitlos ist in jedem Alter unsere Vision, wie zeitlos sind unsere Träume!

Mit dem Vorübergehen der Jahre finden Veränderungen in unserem Körper und in unseren Lebensumständen statt; das Leben geht weiter, und wir gehen mit ihm. Aber mit kindlichem Glauben und in einem kindlichen Geist können wir in jedem Alter Freude am Leben finden, und wir können das Gefühl der Jugend, der Alterslosigkeit lebendig halten. Es ist unsere Geheimwaffe gegen einen Glauben an das Altern. Wir können uns weigern, die Anzahl von Jahren, die wir gelebt haben, mit schlechter Gesundheit, mit Fehlern und Versagen und Verzweiflung gleichzusetzen. Wir können uns daran erinnern, daß wir geliebte Kinder Gottes sind, jetzt und auf immer.

Wir sind spirituelle Wesen, hier zu einem bestimmten Zweck, und wir werden gebraucht und sind wichtig, was immer auch unser Alter ist. Was am allerbesten ist, wir haben einen jugendlichen Geist, der nicht unterdrückt werden kann, den die Zeit nicht auslöschen kann, den das Vorübergehen von Jahren nicht berühren kann.

Lobe den Herrn, meine Seele...
der dich krönt mit Gnade und Barmherzigkeit,
der mit Gutem dein Verlangen stillt,
daß deine Jugend sich erneuert gleich dem Adler.
(Psalm 103:2, 4-5)

Sing ein neues Lied

Neu. Was für ein gutes Wort! Wir mögen uns sagen, daß alles anders werden wird, daß wir mit der Vergangenheit abgeschlossen haben, daß wir uns auf das Neue einlassen. Aber es kann sein, daß wir schon bald wieder in dieselben alten Gedanken, Gefühle und Reaktionen verstrickt sind. Wir mögen uns dabei ertappen, daß wir dasselbe alte Lied singen.

In Jesaja 42:10 heißt es: *Singet dem Herrn ein neues Lied.* Und der Psalmist sagt, was wir uns selbst sagen müssen: *O Gott, ich will dir ein neues Lied singen* (Psalm 144:9).

Unser Lied ist unser Bewußtsein. Unser Lied, das sind die Gedanken, die wir denken, die Worte, die wir sprechen, die Gefühle, denen wir Ausdruck verleihen. Wir mögen ein trauriges Lied gesungen haben, wir mögen den Blues gesungen haben, wir mögen ein Klagelied gesungen haben. Jetzt ist es an der Zeit, ein neues Lied zu singen – ein Lied mit neuen Worten, neuer Musik, neuem Rhythmus.

Wenn wir in Gebet und Stille hinhören, gibt Gott uns neue Worte.

Ich lasse dich Neues hören von jetzt an und Verborgenes, das du nicht wußtest. (Jes. 48:6)

Manchmal, wenn wir mit uns und unserem Leben unzufrieden sind, denken wir, der Weg, etwas zu ändern, sei, an dem zu arbeiten, was falsch ist. Wir singen kein neues Lied, sondern wir denken über das alte Lied nach und fragen uns: „Wo habe ich etwas falsch gemacht?" – „Wo habe ich versagt?" – „Was ist das in mir, was immer wieder problematische Erfahrungen zu mir hinzieht?" – „Warum ich, Gott?"

Das neue Lied, das versucht, sich durch uns zu singen, ist kaum zu hören im Lärm der Negation, der sich in uns erheben mag, wenn wir uns auf all das konzentrieren, was nicht in Ordnung zu sein scheint.

79

Das Vergangene ist vergangen. Das neue Lied ist da und wartet darauf, durch uns gesungen zu werden. Wir sind an einem Punkt des Neuanfangens. Alte Gedanken und alte Zustände sind wie Wasser, das vorübergeflossen ist.

Ein Lied hat Worte, und das neue Lied, das wir singen, hat Worte – Worte des Lebens, Worte der Liebe, Worte der Kraft, Worte der Macht, Worte des Friedens, Worte des Glaubens, Worte der Weisheit. Ein Lied beginnt mit einer Idee. Das neue Lied, das wir singen, beginnt mit der Idee unseres wahren Wesens als Kinder Gottes. *Ist daher jemand in Christus, so ist er ein neues Geschöpf. Das Alte ist vergangen, siehe, es ist neu geworden* (II. Kor. 5:17). Wir verändern unser Lied, wir verändern unser Leben, und wir lassen Christus die Grundlage für unser Denken und Leben sein.

[Daß ihr] erneuert werden sollt durch den Geist in eurem innern Wesen (Eph. 4:23). Wir singen ein neues Lied, wenn wir in unserem inneren Bewußtsein erneuert sind, wenn wir uns nicht länger von negativen Gedanken und Gefühlen beherrschen lassen, wenn wir nicht länger die Überzeugung hinnehmen, daß es unmöglich für uns sei, uns zu ändern, daß wir an alte Lebensweisen und alte Begrenzungen gebunden seien.

Dies ist die Zeit, ein neues Lied zu singen, ein Lied der Gesundheit und des Lebens und der Vollkommenheit. Dies ist die Zeit, um zu erkennen, daß alte Zustände geheilt werden können, daß wir neu sind in jedem Atom und in jeder Zelle unseres Wesens. Dies ist die Zeit, um Gott ein Lied des Lebens und der Gesundheit durch uns singen zu lassen.

Dies ist die Zeit, ein Lied der Freude, des Friedens und der Harmonie zu singen. Dies ist die Zeit, um uns von alten Wunden zu lösen, von alten Erinnerungen an Fehler, um jede Spur von Groll oder Bitterkeit loszulassen. Das neue Lied der Liebe, das wir singen, schwillt in uns zu majestätischer Harmonie an. Gott singt ein wundervolles neues Lied durch uns.

Dies ist die Zeit, um ein neues Lied zu singen, ein Lied des Glaubens – Glauben an Gott, Glauben an Jesus Christus, Glauben an uns selbst als Kinder Gottes und Miterben Christi. Dies ist die Zeit, um ein Lied des Vertrauens und des Muts zu singen, ein Lied, das uns als zu Größe und Höhe bestimmt auszeichnet – Größe des Geistes, Höhe im Bewußtsein.

Dies ist die Zeit für ein neues Lied. Gott gibt uns die Worte. Singen wir es!

Der Stein ist fortgewälzt

Es war kein Brief, und es war keine Grußkarte. Es war bloß ein Stück Notizpapier, das mir zur Osterzeit von einem Freund zugeschickt wurde. Eine einzige Zeile stand darauf, aber diese eine Zeile erzählte die ganze Geschichte: „Der Stein ist fortgewälzt!"

Diese einzeilige Botschaft erzählte die Geschichte der Auferstehung dieses Freundes aus alten und furchterfüllten Denkmustern; sie erzählte die Geschichte seiner Auferstehung aus einem Glauben an Mangel und Krankheit; sie erzählte die Geschichte seiner neu gefundenen Freiheit des Geistes; sie erzählte die Geschichte seines Auftauchens aus dem Grab der Dunkelheit in das Licht der Wahrheit.

Wir mögen das Gefühl haben, es sei unmöglich, irgendeinen Zustand zu ändern, der zu unserem „Stein" geworden ist, der uns sozusagen in einem Gefängnis verschließt. Körperliche Anstrengung bewegt diesen Stein nicht; geistige Anstrengung bewegt ihn.

Der Stein wird durch spirituelle Kraft fortgewälzt, durch die Kraft, die jedes Hindernis, jede Begrenzung überwindet. Wenn wir Gott durch uns wirken lassen, wenn wir Gott vertrauen, daß Er uns den Weg der Freiheit und des Lichts zeigt, dann werden wir mit dieser Kraft erfüllt.

Die Botschaft von Jesus ist eine Botschaft des Lebens, der Kraft zu siegen, des Glaubens und des erhörten Gebets. *„Ich bin gekommen, damit sie Leben und reiche Fülle haben"* (Joh. 10:10). *„Bei Gott [...] sind alle Dinge möglich"* (Matt. 19:26). *„Wenn ihr Glauben habt [auch nur so groß] wie ein Senfkorn, werdet ihr zu diesem Berge sprechen: Hebe dich weg von hier dorthin! und er wird sich hinwegheben, und nichts wird euch unmöglich sein"* (Matt. 17:20-21).

Jesus sprach nicht von Unmöglichem. Er sprach nicht über Hindernisse. Er sprach nicht über unverrückbare Steine. Was haben wir zu einem Stein in unserem Bewußtsein werden lassen? Wobei haben wir zugelassen, daß es uns davon abschneidet, uns vital lebendig zu fühlen, strahlend, frei und freudig, daß es uns daran hindert, das Leben effektiv und erfolgreich zu leben?

Ist der Anschein von Krankheit oder unzureichender Gesundheit unser Stein? Der Stein kann fortgewälzt werden! Leben und Heilung sind Gottes Wille für uns, und es gibt nichts, was den freien Fluß des Gott-Lebens in uns behindern kann. Ostern ist ein guter Zeitpunkt, um Leben und Heilung zu bejahen, um zu wissen, wie Jesus es wußte, daß wir dazu bestimmt sind, Leben zu haben und es in Fülle zu haben.

Laßt uns Worte wie diese bejahen: *Der herrliche Strom des reicheren Lebens von Jesus Christus belebt mich, und ich werde erhoben und bin geheilt.* Und dann laßt uns hinzufügen: *Der Stein ist fortgewälzt! Danke, Vater.*

Ist der Stein, der unseren Weg blockiert, die Unfähigkeit, Herrschaft über unsere Gedanken und Gefühle und folglich auch über unser Leben auszuüben? Fühlen wir uns unfähig, Entscheidungen zu treffen, uns von Gedanken abzuwenden, die uns niederziehen, Gewohnheiten loszulassen, die unsere Selbstachtung verringern?

Der Stein kann fortgewälzt werden! *„Nicht durch Heeresmacht und nicht durch Gewalt, sondern durch meinen Geist!"* (Sach. 4:6). Es ist dieser Geist in uns, der die Zweifel und Ängste überwindet, die uns gefangengehalten haben. Der Geist Gottes ist in uns, und wenn wir ihn anrufen, empfangen wir spirituelle Macht und Autorität. Unser Bewußtsein wird erleuchtet; wir werden mit Licht erfüllt.

Jesus sagte: *„Ihr werdet die Wahrheit erkennen, und die Wahrheit wird euch frei machen"* (Joh. 8:32). Die Wahrheit, die wir erkennen sollen, um unseren spirituellen Durchbruch zu vollziehen, ist, daß wir durch den Geist in uns Herrschaft und Autorität besitzen. Wir übernehmen diese Herrschaft und Autorität im inneren Bereich des Denkens. Je mehr wir beten und unser Einssein mit Gott bejahen, desto leichter ist es, die Kontrolle über unsere Gedanken zu übernehmen, Kontrolle über unsere Gefühle, unsere Handlungen, unser Leben zu übernehmen.

Der Auferstehung bewirkende Geist in uns macht uns frei von Begrenzungen, frei von Negation, und wir lassen uns auf eine ganz neue Lebensweise ein. *Ist daher jemand in Christus, so ist er ein neues Geschöpf. Das Alte ist vergangen, siehe, es ist neu geworden.*

Laßt uns bejahen: *Der Auferstehung bewirkende Geist in mir löscht alle Finsternis aus. Christus in mir gibt mir Herrschaft und Autorität über meine innere Welt, und mein ganzes Sein ist von Licht erfüllt. Der Stein ist fortgewälzt! Danke, Vater.*

Vielleicht ist der Stein, der unseren Weg blockiert, ein Gefühl, unwürdig zu sein. Wir können scheinbar die Überzeugung nicht abschütteln, wir würden für Fehler der Vergangenheit verurteilt. Wir können Vergebung nicht akzeptieren. Der Stein kann fortgewälzt werden! Wir können aus jedem Gefühl, daß uns nicht vergeben ist, herausgehoben und wiederaufgerichtet werden.

Wann immer wir uns dabei ertappen, daß unser Denken in bedrückenden Bahnen verläuft, laßt uns daran denken, daß Gott uns liebt, daß Gott uns als wachsend, lernend, sich entfaltend ansieht. Gott zählt nicht unsere Fehler, sondern sieht unsere gutgemeinten Bemühungen, sieht uns mit Augen der Liebe. Gott liebt uns.

Eine wundervolle Bejahung zum Einprägen, die uns helfen wird, Vergebung anzunehmen, ist: *Die vergebende Liebe Jesu Christi reicht bis in die Tiefen meines Seins. Mir sind die Fehler der Vergangenheit und die Ergebnisse der Fehler der Vergangenheit vergeben.* Dann laßt uns dieser Bejahung die Erkenntnis hinterherschicken: *Der Stein ist fortgewälzt! Danke, Vater.*

Ist unser Kummer über den Mangel an Liebe in unserem Leben der Stein, der unser Glück blockiert? Fühlen wir uns verloren, weil jemand, auf den wir uns mit der Zeit verlassen hatten und von dem wir abhängig geworden waren, nicht mehr Teil unseres Lebens ist? Haben wir das Gefühl, nie wieder glücklich sein zu können? Der Stein kann fortgewälzt werden! Wir können inneren Frieden finden; unser Herz kann getröstet werden. Wir können glücklich sein, obwohl sich Beziehungen verändern, obwohl wir nicht länger mit einer Lebensweise fortfahren können, die so richtig und befriedigend erschien.

Immer gibt es neues Gutes zu erfahren, gilt es neuen Herausforderungen zu begegnen, die das Beste in uns wachrufen. Immer gibt es neue Wege, unser Leben mit anderen zu teilen und zu ihrem Glück beizutragen. Neue Freude ist greifbar nahe. Wir möchten nicht und sollten auch nicht in einem unglücklichen oder bekümmerten Bewußtseinszustand verharren. Wir können neu anfangen. Wir können aus Verletzungen und Unglücklichsein in eine wunderbare Lebensweise erhoben werden.

Bejahen wir: *Ich begrüße das Gute, das das Leben zu bieten hat. Ich danke für alles, was vorausgegangen ist, für all diejenigen, die ein wunderbarer Teil meines Lebens gewesen sind, und für all diejenigen, die jetzt darauf warten, den Kreis meiner Liebe zu betreten. Der Stein ist fortgewälzt! Danke, Vater.*

Gott hat dir keinen Geist der Furchtsamkeit gegeben

Gott hat uns keinen Geist der Furchtsamkeit gegeben. Wir sind es, die dem Geist der Furchtsamkeit gestatten, sich in uns aufzubauen. Es mag schon in der frühen Kindheit beginnen, wenn wir uns von einem älteren Bruder oder einer älteren Schwester in den Schatten gestellt fühlen oder wenn wir uns in der Schule verloren und verängstigt fühlen, umgeben von fremden Kindern, völlig übersehen von einer beeindruckenden oder gar furchteinflößenden Person mit Namen Lehrer.

Furcht davor, ausgelacht zu werden, das Falsche zu sagen, abgelehnt zu werden – all das trägt zu unserer Scheu und Furchtsamkeit bei, die wir dadurch zudecken, daß wir uns in uns selbst zurückziehen, dadurch, daß wir versuchen, andere nicht wissen zu lassen, wie wir uns fühlen. Andere mögen uns für reserviert halten; sie mögen uns sogar für feindselig halten, weil wir immer in Verteidigungsstellung sind.

Wir müssen nicht in einem ängstlichen, furchtsamen Bewußtseinszustand bleiben. Wir haben die Macht, uns aus diesem selbstgeschaffenen Gefängnis zu befreien. Wir haben die Macht, der zuversichtliche, aus sich herausgehende, freundliche Mensch zu sein, der wir so gerne sein möchten. Gott hat uns einen Geist der Macht und der Liebe gegeben, aber die Macht muß gebraucht werden, die Liebe muß ausgedrückt werden.

„Übung macht den Meister" lautet das alte, aber wahre Sprichwort. Wir können Furcht und Schüchternheit durch Übung überwinden. Jeder Tag bietet mindestens eine Gelegenheit, es zu üben, freundlich zu sein und aus sich herauszugehen. Das bedeutet nicht, daß jemand anders uns die Gelegenheit bieten wird. Wir können nicht darauf warten, daß andere den Anstoß zu den Bewältigungsakten geben, die wir durchführen müssen. Wir können nicht darauf warten, daß andere sich so verhalten, daß wir uns wohler fühlen. Wir können nicht darauf warten, daß andere uns ermutigen. Jeden Tag können wir auf irgendeine Weise die Anstrengung dazu machen, den Schritt unternehmen, eine Reaktion von unserer Seite in Gang setzen, die liebevoll und freundlich ist und aus sich herausgeht.

Es kann etwas so Einfaches sein wie den Menschen vor uns an der Kasse im Supermarkt anzulächeln; es kann etwas so Gewöhnliches sein wie den Telefonhörer hochzunehmen und jemanden anzurufen, um ihm zu sagen: „Ich denke an dich." Es kann etwas so Einfaches sein, wie einen Nachbarn zu einer Tasse Kaffee einzuladen. Kleine Dinge, ja, aber große Schritte für jeden, der sich schüchtern und zurückgezogen fühlt.

Eine Freundin, die sagte: „Gestern ging ich ganz allein die Straße entlang", berichtete damit von einer großen Bewältigungstat, denn sie ist stets zu schüchtern und zu furchtsam gewesen, ihr Haus zu verlassen und mit Leuten in Kontakt zu treten. Ihr einfacher Akt des Die-Straße-entlang-Gehens markierte ihren Punkt der Freiheit, den Punkt, an dem sie die Nichtigkeit ihrer Ängste erkannte. Es war ein Wendepunkt in ihrem Leben.

Fürchte dich nicht. Es gibt nichts zu fürchten. Du wirst geliebt, du lebst in einer freundlichen Welt. Du bist eins im Geist mit den Menschen in deiner Welt.

Gott hat dir keinen Geist der Furchtsamkeit gegeben. Du kannst der freundliche, kontaktfreudige Mensch sein, der du so gerne sein möchtest, der Mensch, der du in Wirklichkeit bist.

Lebe herrlich und in Freuden

Das Leben ist eine fortlaufende Geschichte. Als Kinder mochten wir die Geschichten, die mit dem Satz endeten: „Und so lebten sie alle für immer herrlich und in Freuden."

Ist dies nicht das, was wir wirklich möchten: für immer herrlich und in Freuden leben? Nach dem Kampf, nach dem Verlust, nach der unglücklichen Zeit?

Herrlich und in Freuden – der vollkommene Schluß einer Geschichte. Aber in unserer Lebensgeschichte gibt es eigentlich keine Enden. Was wie ein Ende aussieht, stellt sich als ein Anfang heraus. Es ist der Abschluß einer Erfahrung; es ist der Beginn einer neuen Erfahrung.

Wir denken, eine bestimmte Situation werde sich niemals ändern, irgendein Mensch werde sich niemals ändern. Wir möchten, daß alles und alle gleich bleiben, für immer herrlich und in Freuden.

„Für immer herrlich und in Freuden" meint keinen statischen Zustand, bedeutet nicht, daß der vollkommene Augenblick, die vollkommene Liebe, die vollkommene Erfahrung irgendwie in der Zeit festgehalten werden, um sich dann nie mehr zu ändern, immer dasselbe zu bleiben, in alle Ewigkeit.

Einst las ich etwas über Robert E. Lee, was mich beeindruckte. Er erlitt eine große Niederlage, als der Süden den Bürgerkrieg verlor; aber was wie ein trauriges Ende schien, war eine Sache des „Für immer herrlich und in Freuden". Er wurde zum Präsidenten des Washington College in Virginia gewählt und wurde ein Erzieher, der einen tiefgreifenden und guten Einfluß auf das Leben vieler Menschen hatte.

Die Geschichte von Charles und Myrtle Fillmore, der gemeinsamen Gründer von Unity, ist eine des „Für immer herrlich und in Freuden", obwohl es, bevor sie die Wahrheit fanden, kaum so ausgesehen haben würde. Sie waren Leute im mittleren Alter und hatten Kinder. Myrtle war schwerkrank und hatte gesagt bekommen, sie hätte nur noch etwa sechs Monate zu leben. Charles hatte wegen eines Unfalls in der Kindheit eine verkrüppelte Hüfte und mußte eine Gehhilfe benutzen. Dem Grundstücksgeschäft war der Boden entzogen worden, und sie waren in verzweifelten finanziellen Schwierigkeiten. Aber eine Wahrheitsbejahung veränderte für sie das ganze Bild.

Ich bin ein Kind Gottes, und daher erbe ich keine Krankheit war das Ende des alten Glaubens an Krankheit und Mangel; es war der Anfang einer neuen Reise in der Wahrheit, die den Fillmores Heilung bringen und sie inspirieren sollte, sich zu öffnen und ihr Licht und ihre Wahrheit mit anderen zu teilen. Der Glaube der Fillmores hilft auch weiterhin Menschen überall dabei, „herrlich und in Freuden" zu leben.

Denk an Paulus mit seinem großen Sinneswandel, seiner Bekehrung zum Christentum. Sicherlich würde niemand, der ihn vorher kannte, erwartet haben, daß er danach stets herrlich und in Freuden leben, für die Sache von Jesus Christus eintreten und wahrscheinlich mehr als irgendein anderer Mensch tun würde, um die Lehren Jesu Christi weltweit zu verbreiten. Paulus sagte praktisch: „Das Ende ist erst der Anfang."

... eins jedoch [tue ich]: ich vergesse, was hinter mir ist, strekke mich aber nach dem aus, was vor mir ist, und jage, das Ziel im Auge, nach dem Kampfpreis der Berufung nach oben durch Gott in Christus Jesus (Phil. 3:13-14).

Die meisten von uns halten den Scrooge aus Dickens' „Weihnachtsgeschichte" („*A Christmas Carol*") für ein Symbol alles dessen, was gemein und geizig ist; aber Dickens sagte, daß sich Scrooge nach seinem Traum von der vergangenen, gegenwärtigen und zukünftigen Weihnacht änderte und daß man in ganz England danach keinen freundlicheren, großzügigeren, glücklicheren Mann finden konnte. Er lebte für immer herrlich und in Freuden.

Palmsonntag, selbst wenn es ein Tag der Anerkennung für Jesus zu sein scheint wegen der Menge und der Hosiannas und

Palmzweige, die auf seinen Weg gebreitet wurden, ist kein Tag des „für immer glücklich und in Freuden", wenn wir auf Karfreitag und die Kreuzigung vorausschauen. Aber das 'Für immer glücklich und in Freuden' siegte über die Tragödie, mit der Auferstehung Jesu vom Tod zum Leben.

Jesus und die Kreuzigung scheinen schwerlich eine Erfahrung des 'Für immer glücklich und in Freuden' zu sein. Aber es war eine. Es war das absolute glückliche Geschichtenende, denn es bewies den Sieg des Lebens über den Tod; es zeigte uns den Weg des unsterblichen Lebens; es erhob die ganze Menschheit auf eine neue Bewußtseinsebene.

Wir können durch jede Erfahrung für immer glücklich und in Freuden leben wegen Christus in uns, unserem siegreichen Geist, unserer Hoffnung auf die Herrlichkeit.

Wenn wir durch eine düstere Erfahrung hindurchgehen, mögen wir uns fragen warum. Wir mögen uns nicht vorstellen können, wie wir ihr begegnen oder jemals wieder glücklich sein können. Aber der Geist der Auferstehung in uns streckt sich dem Licht entgegen und läßt uns nicht aufgeben oder die Hoffnung verlieren.

Auch dies wird vorübergehen. Wir werden für immer glücklich und in Freuden leben.

Wir leben ganze Leben innerhalb unseres Lebens. Wir verändern uns und wachsen. Wir lassen unsere zu klein gewordenen Schalen, denen wir entwachsen sind, hinter uns wie der eingeschlossene Nautilus in Oliver Wendell Holmes' berühmtem Gedicht. Wir finden unseren Weg zum Licht und zur Freiheit.

Baue dir stattlichere Wohnungen, o meine Seele,
Während die schnellen Jahreszeiten rollen! ...
Laß jeden neuen Tempel, edler als der letzte,
Mit riesigerem Dome dich vom Himmel trennen,
Bis du am Ende frei bist,
Die dir zu klein geword'ne Schale am ruhelosen Meer des
Lebens hinterlassend!

Wir haben viele „Danach-für-immers" in unserem Leben. Wir

gehen durch viele Bewältigungserfahrungen hindurch. Wir würden es, wenn wir einmal wirklich darüber nachdenken, gar nicht anders haben wollen, denn das Leben ist Wachstum und Veränderung, und wir *möchten* wachsen, uns verändern, alles sein, was wir sein können, um unser göttliches Potential zu erfüllen. Durch eine statische Lebensweise können wir dies nicht tun.

Ich habe viele Leute gekannt, die „für immer herrlich und in Freuden" lebten. Da waren diejenigen, die dachten, das Ende der Welt wäre gekommen, als eine Ehe fehlschlug, aber es war nicht gekommen. Ihre Welt schien um sie herum zusammenzubrechen, aber sie brach nicht zusammen. Sie waren fähig, die Stücke ihres Lebens aufzusammeln, sich der Veränderung anzupassen, sich ein neues Leben aufzubauen.

Manchmal entdecken wir beim Zusammenbruch eines Zustands des 'Herrlich und in Freuden', wie stark wir sind, wieviel das Leben uns zu bieten hat. Wir können auf die Zeit zurückblicken, die der Tod unserer Träume und Hoffnungen zu sein schien, und dafür danken. Wir überlebten die Erfahrung nicht bloß, wir lebten tatsächlich danach herrlich und in Freuden.

Manchmal lehnen wir eine Veränderung ab, die sich uns aufzudrängen scheint, und widersetzen uns ihr. Wir möchten das festgefügte Schema unseres Lebens nicht ändern. Wir möchten, daß die Dinge so bleiben, wie sie sind; wir möchten, daß die Leute so bleiben, wie sie sind. Wir meinen, wir könnten für immer glücklich und in Freuden leben, wenn sich nur nichts ändert. Aber natürlich findet Veränderung statt. Wir verändern uns; das Leben verändert sich; die Leute um uns herum verändern sich. Wir mögen versuchen, dem Leben auf dieselbe Weise zu begegnen, wie wir es vor, sagen wir, zwanzig Jahren taten. Aber wir sind andere Menschen und müssen mit andersartigen Bedingungen umgehen. Wir leben für immer herrlich und in Freuden, wenn wir dies erkennen.

Falls unser Leben schal oder sauer geworden ist, falls wir von uns selbst enttäuscht sind, falls wir das Gefühl haben, da sei nicht viel, dem wir erwartungsvoll entgegensehen und auf das wir uns freuen könnten, dann mögen wir in selbstzerstörerische Verhaltensweisen verfallen. Wir können das Leben oder uns selbst nicht leiden. Bewußt oder unbewußt verfallen wir in Verhaltensweisen, die uns unseres inneren Friedens und unserer Gesundheit berauben, die zu unserer Niedergeschlagenheit und unserem Unglücklichsein beitragen. Aber das Ende „für immer glücklich und in Freuden" ist stets möglich. Immer können wir neu anfangen.

Wir hören von Menschen, die uns mitteilen, daß sie mit Gottes Hilfe ihren Weg aus einer Depression, aus Drogenabhängigkeit oder aus dem Alkoholismus heraus gefunden haben. Sie sagen uns, daß sie, obwohl sie alles verloren hatten – Ehemann, Frau, Zuhause, Arbeitsplatz –, jetzt einen Neuanfang gemacht haben. Sie sind auf dem Weg des „Für immer herrlich und in Freuden".

Menschen begegnen allen möglichen Erfahrungen – Krankheit, Armut, unglücklichen menschlichen Beziehungen, Scheidung, Todesfällen, Situationen, die unfair und ungerecht erscheinen. Aber sie stehen sie durch. Einmal sagte ein Freund, der einem anderen Freund sein Mitgefühl aussprechen wollte: „Meine Güte, du hast eine Menge durchgemacht." Der Freund erwiderte: „Nein, ich bin durch eine Menge hindurch*gekommen*."

Das Märchen begann: „Es war einmal" und endete mit: „und so lebten sie alle für immer herrlich und in Freuden". Unser Leben ist eine fortgesetzte Geschichte, die viele Es-war-einmal enthält, viele Für-immer-herrlich-und-in-Freuden. Tag für Tag, Kapitel für Kapitel entfaltet sich unsere Geschichte. Wenn wir durch irgendeine schwierige Erfahrung hindurchgehen, mögen wir uns fragen warum, wir mögen fragen, ob wir unseren Weg finden werden. Beim Rückblick auf die Erfahrung sehen wir, daß sie ein Teil unserer fortlaufenden Geschichte war, daß auch sie ihren Schluß des „Für immer herrlich und in Freuden" hatte.

Und so leben wir für immer herrlich und in Freuden.

Du bist nicht allein

Die meisten jungen Leute können es kaum abwarten, selbständig zu sein. Sie spüren instinktiv große Kräfte und Möglichkeiten in sich; sie haben hochfliegende Hoffnungen und Träume. Aber eben diese Menschen mögen nur wenige Jahre später sehr unglücklich bei dem Gedanken sein, auf sich gestellt zu sein. Der Verlust von jemandem, auf den sie sich mit der Zeit verlassen haben, vielleicht das Trauma einer Scheidung, bewirkt, daß sie sich verletzlich und allein fühlen.

Auf uns gestellt zu sein bedeutet nicht, verlassen zu sein. Es heißt nicht, daß wir ohne Hilfe sind. Es heißt nicht, daß wir allein sind. Selbständig zu sein wird von den Jungen richtig als wichtig für das Wachstum eingeschätzt, wichtig für das Erwachsenwerden, wichtig für den Ausdruck ihrer gottgegebenen Kräfte und Möglichkeiten.

In einem gewissen Sinne sind wir immer auf uns gestellt und müssen es immer sein. Niemand anders kann für uns denken; niemand anderes kann für uns dem Leben begegnen; niemand anders kann unsere inneren Sehnsüchte, Wünsche und Ziele kennen. Auch wenn wir daher sagen: „Aber ich möchte nicht auf mich gestellt sein", ist das dennoch, was wir sein müssen.

Wir können auf uns gestellt sein, aber nicht allein. Während wir in einem gewissen Sinne immer auf uns gestellt sind, sind wir doch andererseits gleichzeitig niemals auf uns gestellt. Es gibt nie eine Zeit, in der wir nur unsere menschlichen Kraftreserven haben, auf die wir uns verlassen können.

Selbst wenn wir auf uns gestellt sind, haben wir Gottes Kraft in uns; wir haben Gottes Geist immer bei uns. Dies zu wissen, macht den Unterschied aus zwischen Niedergedrücktsein durch die Umstände oder Erfülltsein von einem Gefühl der Stärke und des Zutrauens in unsere Fähigkeit, weiterzumachen und uns über Selbstzweifel und Ängste zu erheben.

Da sind diejenigen, die vor irgendeiner schwierigen Entscheidung stehen. Sie mögen den Rat anderer einholen und mögen finden, daß ein anderer Mensch in der Lage ist, Licht auf die Angelegenheit zu werfen. Aber dennoch kann die abschließende Entscheidung von niemand anderem getroffen werden. Das ist der Punkt, an dem Gebet einem Menschen hilft, selbständig zu sein, seine eigenen Entscheidungen auf positive und effektive Weise zu treffen. Wenn wir andere um Anleitung bitten, mögen wir vereinzelte Lichtschimmer bekommen. Wenn wir uns zu Gottes Geist in uns hinwenden und unser Bewußtsein der göttlichen Führung öffnen, werden wir von Licht überflutet. *In deinem Lichte schauen wir das Licht* (Psalm 36:9). Wir sind auf uns gestellt im wahrsten Sinne, denn wir stehen im Licht der Wahrheit, wir handeln von der hohen Ebene der Wahrheit aus, wir antworten auf das Leben als spirituelle Wesen, erfüllt von Gottes Macht, gestärkt von Gottes Geist, geführt durch Gottes Licht. Wir sind auf uns gestellt, aber nicht allein. Wir sind fähig, Entscheidungen mühelos und furchtlos zu treffen, denn wir folgen unserem inneren Licht.

Es gibt Personen, die in irgendeine Situation hineingeworfen werden, mit der umzugehen sie sich nicht qualifiziert fühlen, die sich allein auf sich gestellt und sehr einsam fühlen. Manchmal können sie keine Richtlinien finden; es gibt niemanden, der ihnen sagen könnte, was sie tun sollen.

Wir mögen in einer Situation auf uns gestellt sein, aber wir sind nie allein. Selbst wenn es niemanden gibt, der uns sagen kann, was wir tun sollen, wie wir weitermachen sollen, sind wir immer eins mit Gott und haben in uns das leuchtende Licht unendlicher Intelligenz. Wenn wir das Gefühl haben, daß wir nur noch auf uns gestellt sind, dann ist das unsere Gelegenheit, selbständig als Kinder Gottes zu bestehen. Es ist unsere Gelegenheit, der stillen leisen Stimme in uns, die uns führt und berät, zuzuhören, wirklich zuzuhören.

Blinden will ich Führer sein auf dem Wege,
auf Pfaden sie leiten, die sie nicht kannten,

will die Finsternis vor ihnen her zum Lichte machen
und holprigen Grund zum flachen Felde. (Jes. 42:16)
Der, der eine neue Arbeit hat, der Schüler in einer neuen Schule,
derjenige, der ein neues Handwerk erlernt, alle sind auf sich gestellt, aber nicht allein. Wir sind zu Erfolg und Erfüllung bestimmt. Gottes Licht ist mit uns, um uns den Weg zu zeigen.

Wenn Krankheit zuschlägt, dann mag jemand von einer zärt-
lichen Familie und liebevollen Freunden umgeben sein, er mag
ausgezeichnete Pflege und ärztliche Zuwendung haben, aber sich
dennoch in seiner Not sehr allein und auf sich gestellt fühlen.
Wir sind nie allein in irgendeiner Zeit der Not, denn Gott ist bei
uns. Gott hilft uns, selbständig zu sein, selbst wenn ein Bedürfnis nach Heilung besteht.

Was bedeutet es, auf uns gestellt zu sein, wenn wir darum
beten, geheilt zu werden? Es bedeutet zu erkennen, daß unsere
Heilung nicht von jemandem oder etwas außerhalb unserer selbst
abhängig ist. Es bedeutet zu erkennen, daß Heilung aus unserem Innern kommt, daß die Fähigkeit zu Erneuerung und Wiederherstellung in die Struktur unseres Körpers selbst eingebaut
ist, daß Leben und Gesundheit das natürliche Schema und die
natürliche Antwort der Zellen sind, aus denen unser Körper besteht. Auf uns gestellt zu sein heißt zu wissen, daß unser Körper
der Tempel des lebendigen Gottes ist, daß wir zu Leben und Vollkommenheit bestimmt sind. Wenn wir im Wissen der Wahrheit
über uns selbständig sein können, beschleunigen wir den Hei-
lungsprozeß. Wir können spirituell auf uns gestellt sein, denn
wir stehen nicht allein da. Wir werden gestärkt und mit Kraft
erfüllt von dem lebendigen Geist in uns.

Beim Verlust eines Ehemannes oder einer Frau mag jemand
aufschreien: „Wie kann ich weitermachen? Wie kann ich mit dem
Leben fertig werden?" Er oder sie mag nicht fähig sein zu sehen, wie das Leben erträglich sein kann ohne die Liebe, Unterstützung und Kameradschaft eines geliebten Menschen. Es ist
nicht leicht, sich den Veränderungen zu stellen, die ein Trauer-
fall mit sich bringt. Wo es einen gemeinsam geteilten Alltag ge-

geben hat, da sind die Hinterbliebenen jetzt auf sich gestellt. Auf sich gestellt, aber nicht allein.

Das Bedürfnis nach Kraft, nach Mut, nach Trost wird durch die liebende Christusgegenwart mitten in uns erfüllt. *„Frieden lasse ich euch zurück, meinen Frieden gebe ich euch. Nicht wie die Welt gibt, gebe ich euch. Euer Herz lasse sich nicht beunruhigen und verzage nicht!"* (Joh. 14:27). *„Siehe, ich bin bei euch alle Tage."*

Immer ist der liebende Christusgeist bei uns; er stützt uns, bringt uns Frieden, gibt uns neuen Mut und den Willen, weiterzumachen.

Wir können es schaffen; wir können dem Leben in einem neuen Geist begegnen; wir können uns darauf verlassen, daß der liebevolle Christusgeist in uns die Wunden des Herzens heilt und uns in eine neue Freude hineinführt. Wir sind auf uns gestellt, aber wir sind nicht allein.

Niemand sagt dem Baby, das sich bemüht, sich auf die Füße zu stellen und das versucht, diesen ersten Schritt zustande zu bringen, daß es auf sich allein gestellt ist. Das weiß es; es ist sein erster Schritt auf die Unabhängigkeit zu. Seine Eltern, soviel sie es auch lieben, so sehr sie ihm auf jede Weise helfen wollen, können ihm nicht abnehmen, was es selbst für sich tun muß. Sie können es ermutigen, loben, sich über seine Fortschritte freuen; aber es muß lernen, selbst zu stehen. Es muß diesen ersten Schritt selbst tun. Es ist auf sich gestellt, aber nicht allein, denn selbst der winzige Säugling hat in sich den Geist Gottes, der seine innere Stütze ist, seine innere Stärke, seine innere Kraft, zu sein und zu werden.

Manchmal mögen wir uns wie ein Kleinkind fühlen, das versucht, sich auf die Füße zu stellen, wenn wir versuchen, den nötigen Schritt zu tun, der uns aus Schwäche und Abhängigkeit in eine neue, lohnende und erfüllende Lebensweise hineinführen wird.

Eine Freundin sagte, sie sei ganz vernichtet gewesen, als ihr dreißigjähriger Ehemann die Scheidung wollte. Wochen und Monate nach der Scheidung weigerte sie sich immer noch, sie zu akzeptieren, weigerte sich immer noch, ihn aufzugeben. Aber sie sagte, daß sie ununterbrochen versuchte, die Wahrheit zu erkennen, versuchte, das Gute in der Erfahrung wahrzunehmen. Plötzlich faßte sie den Entschluß, sich selbst zu helfen, und dann, so sagte sie, begann die Veränderung stattzufinden. Sie sagt, sie sei von der Dunkelheit ins Licht gekommen, und Gott habe sie unaussprechlich gesegnet. Zum erstenmal in ihrem Leben lernt und wächst sie wirklich. Sie sagt, sie verstehe jetzt, was die Leute meinen, wenn sie sagen, daß sich, obwohl sich die äußeren Umstände in ihrem Leben nicht verändert haben, etwas im Inneren geändert hat. Diese Freundin findet zu einem neuen Leben. Sie beginnt zu lernen, wie sie selbständig leben kann. Sie weiß, daß sie auf sich gestellt ist, aber nicht allein, denn Gott ist bei ihr.

Wir alle möchten stark sein. Wir möchten fähig sein, auf unseren eigenen zwei Beinen zu stehen. Wir möchten fähig sein, mit dem Leben fertigzuwerden, frei von Furcht und Abhängigkeit zu sein. Aber keiner von uns möchte allein sein. Wir entdecken, daß wir nie jemals allein sind, in keiner Erfahrung, in keiner Situation, keinerzeit. Immer ist Gott bei uns, denn Gott ist das Leben selbst, in dem wir leben. *„In ihm leben und weben und sind wir"* (Apostelgeschichte 17:28). Gottes Geist in uns ruft uns auf, uns in unserem Denken über uns selbst auf eine höhere Bewußtseinsebene zu erheben. Gottes Geist in uns gibt uns die Kraft, den Mut, den Willen, den Glauben, uns zu weigern, uns von äußeren Umständen zu Boden drücken zu lassen. Gottes Geist in uns hilft uns, in Stärke standzuhalten, selbständig zu sein.

Wir sind auf uns gestellt, aber wir sind nicht allein, denn Gott ist bei uns.

Du kannst dir
die kostbare Perle leisten

Kannst du es dir leisten? Ich rede nicht von Geld oder von Dingen, die du dir vielleicht deiner Meinung nach leisten oder nicht leisten kannst. Ich rede von Gefühlen und Gedanken und Einstellungen, die du dir entschieden nicht leisten kannst.

Eine Freundin erzählte mir kürzlich, wie verletzt und verstört sie durch die Art und Weise war, wie eine andere Freundin sie behandelt hatte. Sie sagte: „Es ist alles, woran ich denken kann. Es macht mich richtig krank." Sie kann es sich wirklich nicht leisten, in dieser Art von Denken fortzufahren. Der Preis dafür ist zu hoch. Egal wie gerechtfertigt sie sich in ihren Reaktionen auf den Vertrauensbruch ihrer Freundin fühlt, sie kann es sich nicht leisten, weiterhin verletzte Gefühle in sich aufzustauen.

Es liegt in unserer Macht, unsere Gefühle zu verändern, aber das zu tun, ist nicht immer leicht. Wir müssen entschlossen die Führung übernehmen und entscheiden, daß wir nicht länger in einem unglücklichen Bewußtseinszustand verbleiben wollen. Was wir wollen, ist die „kostbare Perle", die wir uns leisten können. Die kostbare Perle ist Glaube, Vertrauen, das innere Wissen, daß wir eins mit Gott sind.

Wir alle haben unsere Träume, unsere Ziele, unsere Sehnsüchte, und wir müssen bereit sein, die Anstrengung zu unternehmen und den Preis zu bezahlen, um ihre Erfüllung zu erreichen.

Wenn wir über unser Leben nachdenken und über die Wege, wie wir es besser machen würden, laßt uns den Entschluß fassen, dabei keine Überzeugungen, Gefühle oder Einstellungen mitzunehmen, die wir uns nicht leisten können, die unser Wachstum behindern, die uns in Gedanken von Gott trennen, die uns davon abhalten, alles zu sein und zum Ausdruck zu bringen, was wir – wie wir wissen – sein und ausdrücken können.

Groll? Wir können ihn uns nicht leisten! Falls wir gegen uns selbst oder irgend jemand anderen einen Gedanken des Grolls gehegt haben, falls wir uns fortgesetzt voller Reue und Selbstverurteilung an irgendein Vorkommnis von früher erinnern oder falls wir einem anderen oder einer anderen für das, was er oder sie getan oder gesagt hat, nicht vergeben können, dann ist es Zeit, uns zu vergeben; dann ist es Zeit, anderen zu vergeben. Es ist Zeit, die vergebende Liebe Christi anzunehmen, damit selbst die Erinnerung an etwas, wovon wir dachten, wir könnten es nie vergeben, so ist wie Wasser, das vorübergeflossen ist. Wir nehmen die kostbare Perle an, die wir uns leisten können – vergebende Liebe –, und wir sind voller Frieden.

Verletzte Gefühle, Abneigung, Selbstmitleid. Wir können sie uns nicht leisten!

Wir können uns verletzte Gefühle, Abneigung, Selbstmitleid nicht leisten, aber wir können uns die kostbare Perle leisten, die in diesem Fall ein neues Selbstbild ist. Wir sind leicht verletzt und in die Defensive gedrängt, wenn wir uns selbst und unseren Wert nicht akzeptieren, wenn wir keine klare Erkenntnis dessen haben, wer und was wir sind. Wir sind spirituelle Wesen. In unserem göttlichen Selbst sind wir wundervoll, fähig. In unserem göttlichen Selbst sind wir sicher. In unserem göttlichen Selbst sind wir geliebt und sind liebevoll. In unserem göttlichen Selbst sind wir Gottes Bild.

Wir können es uns nicht leisten und haben auch nicht die Absicht, in Gedanken und Gefühlen zu verharren, die bewirken, daß wir uns klein und schwach fühlen. Wir wollen und können uns die kostbare Perle leisten – das Wissen um unser göttliches Selbst –, die uns zu geistiger Größe aufruft, die uns dazu anregt, die Christuseigenschaften auszudrücken, die das Leben freuderfüllt und erfüllend machen.

Uns dabei aufzuhalten, was uns schmerzt und wehtut, uns selbst für schwach oder alt zu halten – wir können es uns nicht leisten!

Wir können es uns nicht leisten, uns mit Krankheit zu identifizieren, mit Mangel an Leben oder an Kraft. Wir können es uns nicht leisten, Symptome zu vergrößern. Wir können es uns nicht leisten, uns für alt oder altersschwach zu halten. Wie wir uns selbst sehen, was wir uns selbst über unsere Gesundheit oder unseren Mangel an Gesundheit mitteilen, hat einen eindeutigen Effekt auf uns. Wir können uns die kostbare Perle leisten, die die Erkenntnis ist, daß wir wahrhaftig wunderbar gemacht sind, daß unser Körper der Tempel des lebendigen Gottes ist, daß seine Trillionen von Zellen aus dem Leben Gottes selbst geschaffen wurden. Die kostbare Perle, die wir uns leisten können, ist die Erkenntnis und der Glaube, daß wir dazu bestimmt sind, wohlauf, stark, gesund, strahlend lebendig zu sein. Egal wie der äußere Anschein ist, alles kann geheilt werden, denn Gott ist unser Leben, und dieses Leben ist ewig, bleibend.

Unseren Ängsten nachgeben, das Leben als eine verlorene Sache aufgeben? Wir können es uns nicht leisten!

Wir können es uns nicht leisten zuzulassen, daß Furcht unsere erste Reaktion auf die Geschehnisse in unserem Leben oder im Leben unserer Lieben ist. Wir können es uns nicht leisten, im Hinblick auf unseren Wohlstand und unser Wohlergehen und den Wohlstand und das Wohlergehen unserer Lieben furchtsam zu sein. Wir können es uns nicht leisten, uns vor der Zukunft zu fürchten, negative Gedanken zu projizieren, unsere Vorstellungskraft ein düsteres Bild malen zu lassen.

Was wir uns leisten können – die kostbare Perle –, ist Vertrauen, Vertrauen in Gott, Vertrauen in uns selbst, Vertrauen in Gottes Geist in uns, Vertrauen in Gottes Geist in unseren Lieben. Die kostbare Perle, die wir uns leisten können, ist Vertrauen auf die Verwirklichung des Guten in allem, was uns betrifft, Vertrauen, daß in denjenigen Umständen und Zuständen, die schwierig erscheinen, Gott da ist, Gott wirkt, daß Gutes hervorgebracht wird.

Die kostbare Perle, die wir uns leisten können, ist Vertrauen in die Eigenschaft des Lebens zu fließen, immer aufwärts, immer hinwirkend auf das äußerste Gute.

Ich bin der Weg

Es gibt einen Weg, um das Problem zu lösen, das wir scheinbar nicht lösen können. Es gibt einen Weg, um jenem Bedürfnis zu begegnen, das für uns eine Quelle der Unruhe und Sorge ist. Wir mögen bejaht haben, daß es einen Weg gibt. Wir mögen gebetet haben: „Gott, zeige mir den Weg." Jetzt laßt uns einen Sprung im Glauben tun und erkennen: *Ich bin der Weg.*

Als Jesus sagte: *„Ich bin der Weg, die Wahrheit und das Leben"* (Joh. 14:6), gab er uns einen äußerst wichtigen Schlüssel zum Überwinden von Problemen. Suchen wir nach einem Weg? Der Weg ist in uns. Gott ist in uns, das Christusselbst ist in uns und sagt: „Ich bin der Weg".

Der Weg des ICH BIN, des Christus in uns, ist der Weg des Lichts, der Weg der Weisheit. Wenn wir bejahen: *Ich bin der Weg,* selbst wenn es keinen Weg zu geben scheint, dann bricht Licht in der Dunkelheit an, dann lichten sich Wolken, und Antworten scheinen plötzlich aufzutauchen. Der Weg öffnet sich, die Lösung wird sichtbar, nicht in irgendeinem mysteriösen Geschehnis, sondern in natürlichen und logischen Wendungen der Ereignisse.

Wenn wir mit innerem Glauben an den Christus in uns als den Weg beginnen, dann erscheinen äußere Hilfe, äußere Führer, äußere Wege. Ein Weg tut sich auf. Mit Christus gibt es immer einen Weg. Und wo ist Christus? Mitten in uns – und er versichert uns: „Ich bin der Weg."

Sind wir unglücklich? *Ich bin der Weg des Glücks.* Das stimmt, denn unser Glück kann uns nicht von einem anderen gegeben werden, kann nicht von einem anderen kommen. Ein anderer Mensch mag zu unserem Glück beitragen, aber Glück beginnt in uns.

Wenn wir uns nach mehr Glück, mehr Liebe, mehr Freude in unserem Leben sehnen, laßt uns den Sprung im Glauben tun und bejahen: *Ich bin der Weg des Glücks.* Wir mögen gebetet haben: „Gott, zeige mir den Weg, um glücklich zu sein." Wir mögen darum gebetet haben, daß Menschen zu uns hingezogen werden, die unserem Leben zusätzliche Freude verleihen. Aber der Anfang liegt in uns. *Ich bin der Weg des Glücks.* ICH BIN, der Christus in uns, ist Liebe, Friede, Freude, Verständnis, ist alles, was wir sehnlich sein und zum Ausdruck bringen wollen.

Es gibt einen Weg, um ein glücklicheres Leben zu haben. Es gibt einen Weg, um lohnende, bereichernde Erfahrungen zu haben. Es gibt einen Weg, um Beziehungen zu haben, die uns kostbar sind und am Herzen liegen. *Ich bin der Weg.* Wenn wir den Christus in uns zum Vorschein kommen lassen, müssen wir den Weg nicht planen. Der Weg wird sich auftun; Menschen werden auftauchen; Bedingungen werden sich ändern. Wir werden glücklich sein, nicht wegen dieser Dinge, sondern weil wir das glückliche Selbst zum Ausdruck bringen, das wir unserem Wesen nach sind.

Falls der Weg zur Heilung eine lange Reise gewesen ist oder falls eine Heilung durch irgendeinen Anschein, einen Zustand blockiert worden zu sein scheint, dann laßt uns auch hier unseren Sprung im Glauben machen und erklären: *Ich bin Gesundheit; ich bin Leben.* Wo wir darum gebetet haben, daß uns der Weg gezeigt wird, um Furcht und Glauben an Krankheit zu überwinden, da laßt uns jetzt erkennen, daß wir eins mit dem Leben selbst sind. Es gibt nichts zu fürchten. *„Ich bin der Weg, die Wahrheit und das Leben."*

Das Leben Christi ist in uns. Die Substanz unseres Körpers setzt sich aus Christusleben zusammen. Die Zellen unseres Körpers reagieren auf den Ruf des Lebens. Falls irgendeine äußere Hilfe oder Behandlung nötig ist, dann wird uns der Weg gezeigt werden. Wenn es Haltungen oder Gefühle der Sorge und der Furcht gibt, die einer Heilung im Wege stehen, dann wird uns gezeigt werden, wie wir sie überwinden können. Aber diese Dinge sind nicht die Heilung. Sie tragen zur Heilung bei, aber Christus in uns ist das Leben, die Heilung.

Ich bin der Christus. Ich bin das in dir, was unsterblich, zeit-los, unüberwindlich, unbesiegbar ist. Ich bin das in dir, was weit über alles hinausgeht, was du zu sein geglaubt hast. Vertraue Mir. Ich bin der Weg. Ich bin der Christus in dir.

Genau jetzt die Auferstehung

Auferstehung ist kein Wort, an das wir normalerweise in Verbindung mit unserem eigenen Leben denken, als etwas, das wir bereits erfahren haben und auch jetzt erfahren. Aber wir alle haben Auferstehung erfahren, und wir erfahren sie jetzt, wenn wir ihr auch einen anderen Namen geben mögen.

Wir sind alle schon einmal jemandem begegnet, der, wenn Hoffnungen und Träume zerschlagen schienen, den Mut und den Glauben gehabt hat, einen neuen Anfang zu machen, neu zu beginnen. Das war Auferstehung! Es gibt einen Geist in uns, der Auferstehung bewirkt, einen Geist, der uns befähigt, neu zu beginnen, Begrenzungen zu überwinden, unser Denken und unser Leben zu verändern. Aber wir müssen es wollen; wir müssen die Motivation haben, den Anreiz, sozusagen von den Toten aufzuerstehen, lebendig zu werden, uns von der Energie und vom Leben des Christus antreiben zu lassen.

Wenn wir uns entschließen, daß wir nicht länger unten in den Tiefen der Niederlage oder der Verzweiflung bleiben wollen, dann scheint es, als eilten uns die Kräfte des Universums zu Hilfe, als ergreife Gott unsere Hand und richte uns auf.

Auferstanden? Natürlich bist du es schon einmal!

Jenes Mal, als du dich niedergeschlagen fühltest, mutlos im Hinblick auf dich selbst und deine Angelegenheiten, und dann jemand oder etwas die Richtung deines Denkens änderte, dich an deine Fähigkeit erinnerte, mit dem Leben fertig zu werden, dir Auftrieb gab, dein Herz zum Singen brachte – das war eine Auferstehung!

Auferstanden? Natürlich wird dir Auferstehung gegeben, wirst du wieder aufgerichtet!

Jedesmal, wenn du in der Lage bist, irgendeine Verletzung oder einen Schmerz zu vergeben und zu vergessen, jedesmal, wenn du fähig bist, den Christus in einem anderen zu segnen und wahrzunehmen, ist das eine Auferstehung – eine Auferstehung zur größeren Liebe Gottes, eine Auferstehung zu der vergebenden Liebe von Jesus Christus.

Jedesmal, wenn du Leben, Gesundheit und Ganzheit bejahst und dein Körper antwortet, indem er die Stärke und Vollkommenheit zeigt, die sein natürlicher Zustand sind, ist das eine Auferstehung. Du wirst zu der Erkenntnis des ewigen Lebens Gottes aufgerichtet – ewig erneuernd, sich ewig entfaltend, ewig deinen Körpertempel vervollkommnend und heilend.

Jedesmal, wenn du Herrschaft und Kontrolle über furchterfüllte Gedanken und Gefühle erreichst, jedesmal, wenn du unter Beweis stellst, daß du deinen Stimmungen nicht auf Gedeih und Verderb ausgeliefert bist, daß du stärker bist als jedweder begrenzende Gedanke und jede Gewohnheit, ist das eine Auferstehung – eine Auferstehung zur vollkommenen Freiheit des Geistes, die dir als einem Kind Gottes gehört, der Freiheit Christi in dir.

Jedesmal, wenn du die Wahrheit über dich erkennst, die Wahrheit, daß du mehr bist als Fleisch und Blut, daß du ein spirituelles Wesen mit göttlichen Kräften und Fähigkeiten bist – dann ist das eine Auferstehung, eine Auferstehung zu einer neuen Denk- und Lebensweise.

Wir treten in das lebendige Bewußtsein von Jesus Christus ein, wenn wir seine Worte zu einem Bestandteil unseres Bewußtseins machen. Es ist gut, an Jesu Worte zu denken: *„Ich bin die Auferstehung und das Leben"* (Joh. 11:25), sie zu bejahen, Jesus in dieser wunderbaren Bejahung des Lebens zu folgen.

Was sagen wir, wenn wir sagen: „Ich bin die Auferstehung und das Leben"? Wir identifizieren uns mit der erhebenden Macht des Christus, mit dem ewigen Leben des Christus. Wir mögen gedacht haben: „Eines Tages werde ich Auferstehung erfahren; eines Tages werde ich das ewige Leben haben." Aber Jesus nachzufolgen heißt zu bejahen: *Ich bin die Auferstehung und das Leben.* Das ist eine Bejahung des Lebens, nicht der Zukunft, sondern des Hier und Jetzt.

Charles Fillmore sagt: *Genau jetzt geht das Werk der Auferstehung vor sich, und Männer und Frauen erwachen zu einem neuen Bewußtsein des Lebens, des Verständnisses und körperlicher Vollkommenheit.*

Genau jetzt geht das Werk der Auferstehung in dir vonstatten. Genau jetzt wirst du zu völlig neuem Leben wiederaufgerichtet. Genau jetzt erhebst du dich zu einem neuen und höheren Ort im Bewußtsein. Genau jetzt wird dein Geist erhoben, dein Glaube gestärkt. Genau jetzt bricht der Morgen der Wahrheit in deiner Seele an.

Mach einen Durchbruch zum Wohlstand

Wie sich ein Heilungsdurchbruch vollzieht, wenn eine Verbindung zur Lebensquelle hergestellt wird, so wird ein Durchbruch zum Wohlstand bewirkt, wenn wir in Verbindung mit der einen Quelle treten, der Substanz, die aller Manifestation zugrunde liegt.

Das Bindeglied zwischen uns und Gott ist unser Bewußtsein. Der Strom des Wohlstands beginnt in uns; er hat seinen Ausgangspunkt in Ideen. Gerade wie ein mächtiger Fluß an seiner Quelle nur ein kleines Rinnsal sein mag, so beginnt der mächtige Fluß der Substanz Gottes sein Fließen als ein kleines Bächlein von reichen Ideen, das zu uns und durch uns fließt aus dem Bewußtsein Gottes.

Was ist eine reiche Idee? Es ist jede Idee, die Wachstum erzeugt, die Zustände des Wohlbefindens hervorbringt, jede Vorstellung, die uns und anderen Wohlstand bringt. Niemand hat je das Gesetz des Wohlstands bewiesen, ohne zuerst eine Idee zu haben – eine Idee, die sich im Innern entwickelte, eine Idee, nach der er oder sie handelte, um Zustände zu ändern, um ein neues Klima zu schaffen, in dem Reichtümer – innere und äußere – wachsen und erblühen konnten.

Eine bereichernde Idee wird gebraucht, wenn es Mangel irgendeiner Art gibt. Falls wir eine Beschäftigung brauchen, kann es sein, daß wir eine Menge darüber nachdenken. Wir mögen jeden Weg verfolgen, der zu einer Arbeit führen könnte. Wir mögen um eine Stelle beten, vielleicht verzweifelt. Aber wir haben dabei vielleicht keinen Wohlstandsgedanken, keine göttliche Idee in bezug auf uns selbst oder unsere Aussichten, unseren richtigen Platz zu finden.

Ich bin talentiert. Ich bin fähig. Ich bin ein Teil von Gottes

Schöpfung, der gebraucht wird. Die göttliche Idee, die wir brauchen, um Anstellung zu finden, mag die Erkenntnis sein, daß mehr noch, als wir eine Stelle brauchen, es eine Stelle gibt, die uns braucht. Das Gute, wonach wir suchen, sucht uns. Die Versorgung ist da, bevor sie eingefordert und in Anspruch genommen wird. Die richtige Beschäftigung ist da. Wir treten mit ihr in Verbindung, indem wir unser Einssein mit ihr bejahen, indem wir erkennen, daß wir etwas zu geben haben, daß wir gebraucht werden.

Eine Freundin sagte kürzlich: „Ich habe einen Job gefunden, gottlob! Er ist anders als alles, was ich je zuvor gemacht habe, aber es ist eine wundervolle Antwort auf meine Gebete." Sie fand einen Job, und ein Job fand sie. Sie machte ihren Durchbruch zum Wohlstand, trat in Verbindung mit der göttlichen Quelle, und das Bedürfnis nach einer Beschäftigung wurde ausgefüllt.

Rezession, Depression, Inflation – wie können wir mit ihnen fertig werden? Dies sind vom Menschen geschaffene Bedingungen, und sie können sich nicht auf die zugrundeliegende Wahrheit von Gottes Substanz, Gottes allerfüllender Versorgung und Unterstützung auswirken. Inmitten sich ändernder Zeiten und Zustände können wir ein Gefühl der Sicherheit behalten. Wir können uns reich fühlen. Wir können Versorgung für unsere Bedürfnisse demonstrieren. Wir können uns weigern, Furcht unser Denken färben und unsere Welt trüben zu lassen.

Falls wir in irgendeiner Art von finanziellem Engpaß sind und wenn es scheint, als gebe es keinen Weg für uns, unseren Verpflichtungen nachzukommen oder einer finanziellen Katastrophe standzuhalten, laßt uns beten, daß unser Glaube standhält. Das Bedürfnis nach Geld wird für sich selbst sorgen, wenn der nötige Glaube da ist.

Jesus sagte: „*Sorget euch nicht um das Leben, was ihr essen sollt, noch um den Leib, was ihr anziehen sollt*" (Luk. 12:22); „*... euer Vater [...] weiß, daß ihr diese Dinge bedürft. Vielmehr suchet sein Reich, dann wird euch dies hinzugefügt werden*" (Luk. 12:30-31). Er sagte auch: „*Fürchte dich nicht, du kleine*

Herde! Denn es hat eurem Vater gefallen, euch das Reich zu geben" (Luk. 12:32).

Die richtige Arbeitsstelle, das richtige Zuhause, das Geld, mit dem wir unsere monatlichen Rechnungen begleichen können – wir haben jeden Grund, zu erwarten, daß für solche Bedürfnisse gesorgt wird. Es liegt keine Tugend darin, arm zu sein, ohne die Notwendigkeiten des Lebens zu sein. Wir sind Kinder eines reichen Gottes. Wir sind dazu geboren, reich zu sein. Mehr als bloß Geld auf der Bank oder Aktien und Wertpapiere ist Wohlstand eine Denkweise, eine Lebensweise. Er schließt Wohlbefinden ein, das Empfinden, gebraucht zu werden, ein Gefühl des Erfülltseins und der Befriedigung.

Wohlstand ist nicht das Resultat des Betens darum, etwas zu bekommen. Er ist das Ergebnis davon, daß das Gesetz des Gebens und Empfangens erfüllt wird. Dieses Gleichgewicht ist notwendig für das Erreichen wahren Wohlstands.

Jeder von uns hat etwas zu geben – tatsächlich sogar viel zu geben. Wir haben Talente, schlummernde vielleicht, vergrabene vielleicht. Wir können nur dann von ihnen abgeben, wenn wir sie hervorrufen und sie anwenden. Wir haben Fähigkeiten, die gebraucht werden, die unserer Welt etwas Konstruktives und Hilfreiches geben können. Wir haben Liebe, die, wenn sie ausgedrückt wird, das absolute Geschenk sein kann, das Geschenk, das alle, die es berührt, verwandelt und segnet. Aber wir müssen von dem geben, was wir haben.

Die Idee des Gebens und Empfangens ist eine göttliche Idee, die uns hilft, in Verbindung mit der zugrundeliegenden Substanz zu treten, die ewig aus der Quelle, aus dem Ursprung hervorfließt. Es ist eine göttliche Idee, die die Verbindung ungebrochen hält. Wenn du Wohlstand brauchst, frage dich selbst: „Was habe ich zu geben?" Bete darum, daß dir gezeigt wird, wie du geben kannst, was du geben kannst, wie du dienen kannst. Deine bereichernde Idee wird durch dich kommen. Du wirst den Bereich deines Lebens und seiner Interessen und Aktivitäten vergrößern und steigern.

„... mit welchem Maß ihr meßt, mit dem wird euch gemessen werden" (Matt. 7:2).

Eine bereichernde Idee, die sich viele von uns aneignen müssen, ist der Glaube zu wissen, daß nicht nur für die heutigen Bedürfnisse gesorgt werden, sondern daß auch zukünftigen Bedürfnissen begegnet werden wird. Viele Leute denken zu sehr unter dem Aspekt künftigen Mangels. Sie bereiten sich gedanklich darauf vor, und sie bereiten sich auf äußere Weise darauf vor. Es ist gut, Ersparnisse, Pensionspläne usw. zu haben, aber es ist nicht gut, uns ausschließlich auf solche Dinge zu verlassen und uns unruhig und ängstlich im Hinblick darauf zu fühlen, was sich ändernde Bedingungen mit unserer zukünftigen Sicherheit machen können.

Jesus sagte: *„Denn wo dein Schatz ist, da wird auch dein Herz sein" (Matt. 6:21).* Geben wir unser Herz, d.h. unser Gefühl, unsere emotionelle Unterstützung, einer Sache, die wir als unsere Versorgung betrachten?

Unser Schatz ist unser Gefühl spiritueller Sicherheit. Unser Schatz ist das Wissen, daß wir ein Kind Gottes sind, ein spirituelles Wesen. Unser Schatz ist das Wissen, daß wir immer eins mit Gott sind, unserer Quelle, und daß in Gott und durch Gott unseren Bedürfnissen begegnet wird, beständig, reichlich, rechtzeitig, unfehlbar. Unser Schatz ist unsere Erkenntnis der bleibenden Dinge des Geistes – Leben, Liebe, Freude, Frieden, Glaube.

Ein Durchbruch zum Wohlstand? Du kannst ihn schaffen! Es spielt keine Rolle, wie lange du mit der Vorstellung der Armut gelebt hast. Du kannst davon befreit werden. Du kannst von Mangel und Begrenzung geheilt werden. Fühlst du dich schuldig deswegen, weil du um Wohlstand gebetet hast? Warum solltest du? Jesus sagte: *„Bittet, so wird euch gegeben werden; suchet, so werdet ihr finden; klopfet an, so wird euch aufgetan werden! Denn jeder, der bittet, empfängt; und wer sucht, der findet; und wer anklopft, dem wird aufgetan werden! Oder welcher Mensch ist unter euch, der seinem Sohn, wenn er ihn um ein Brot bittet, einen Stein gäbe, oder auch, wenn er um einen Fisch bit-*

tet, ihm eine Schlange gäbe? Wenn nun ihr [...] euren Kindern gute Gaben zu geben wißt, wieviel mehr wird euer Vater in den Himmeln denen Gutes geben, die ihn bitten!" (Matt. 7:7-11)

Mach deinen Durchbruch zum Wohlstand dadurch, daß du alte Überzeugungen von der Existenz von Mangel und Begrenzung hinter dir läßt, alte Überzeugungen, daß du irgendwie Wohlstand oder Erfolg nicht verdienst, alte Überzeugungen, daß du nichts zu geben, dem Leben oder anderen nichts anzubieten hast.

Mach deinen Durchbruch zum Wohlstand. Stelle eine Verbindung mit deiner Quelle her, indem du dich Gott in Gebet und Meditation zuwendest, indem du dein Einssein mit Gott, der Quelle, bejahst.

Mach deinen Durchbruch zum Wohlstand. Bejahe deinen spirituellen Rang. Bejahe: *Ich bin ein strahlendes, allweises, allliebendes, allsiegendes Kind Gottes. Unendliche Weisheit leitet mich, göttliche Liebe bereichert mich, und ich bin erfolgreich bei allem, was ich unternehme.* Bejahe dies und glaube dies, denn es ist die Wahrheit über dich.

Öffne dein Bewußtsein bereichernden Ideen, und dann gebrauche die Ideen, die kommen. Laß sie arbeiten! Lehne keinen Einfall, der dir kommt, ab, weil er nicht ungewöhnlich oder außerordentlich erscheint. Es kann der richtige Einfall sein, der Einfall, der die Grundlage für Wachstum, Entfaltung und Erfolg bilden kann. Denke dir eine bereichernde Idee als einen Samen. Ein Same mag klein, unbedeutend, sogar leblos aussehen, aber er hat, wenn er mit Nährstoffen versorgt wird, die Kraft und die Möglichkeit in sich, Ergebnisse hervorzubringen. Du nährst bereichernde Ideen durch deine Gebete und deinen Glauben, durch deine Ausdauer, mit der du das Prinzip von Geben und Nehmen praktizierst.

Du wirst gebraucht und bist wichtig. Du bist ein geliebtes Kind Gottes. Du bist jetzt und ewig eins mit Gott, der unfehlbaren, ewigen Quelle und dem Spender aller Substanz.

Mach deinen Durchbruch zum Wohlstand. Beweise das Gesetz für dich selbst.

Mach einen Durchbruch
zur Heilung

Eine Freundin fragte mich: „Muß ich vollkommen sein, um geheilt zu werden?"

Heilung ist keine Frage von Belohnung und Strafe. Es ist eine Frage des In-Verbindung-Tretens mit der mächtigen Lebenskraft in uns. Wir mögen einen Kurzschluß in dieser Verbindung verursachen, indem wir Furcht und Besorgnis nachgeben, indem wir uns mit Gedanken der Abneigung, des Nachtragens, der Bitterkeit aufhalten. Aber stets ist das Leben in uns da; stets können wir den Durchbruch zur Heilung machen.

So ist es z.B. keine Frage von Belohnung oder Strafe, wenn der elektrische Strom wiederhergestellt werden muß. Wir müssen den Stecker in die Steckdose stecken, um die Verbindung herzustellen, und damit der Strom fließen kann, darf die Verbindung nicht unterbrochen werden.

Gott sagt nicht: „Du mußt vollkommen sein, ehe du geheilt werden kannst." Gott sagt: *Weil ich dich vollkommen geschaffen habe, kannst du geheilt werden.*

Jesus sagte zu dem Mann am Teich, der seit 38 Jahren krank gewesen war: *„Willst du gesund werden?"* Der Mann, der auf irgendeine Art von Wunderheilung durch das Wasser des Teiches gehofft hatte, sagte, daß er niemanden hätte, der ihn in den Teich hineinbrächte. Jesus sagte: *„Steh auf, hebe dein Bett auf und geh umher!"* Die Verbindung war hergestellt, der Heilungsdurchbruch kam. *Und alsbald wurde der Mensch gesund, hob sein Bett auf und ging umher* (Joh. 5:6, 8-9). Nicht im Wasser des Teiches, sondern in ihm selbst war das heilende Leben und die Heilkraft.

Heilung betrifft die ganze Person, aber eine Heilung des Körpers wird nicht aufgeschoben, bis jeder Gedanke vollkommen, bis jedes Wort weise und bis jeder Teil des Lebens in Ordnung und Harmonie ist. Sehr wenige Heilungen würden stattfinden, wenn das der Fall wäre.

Jesus war sehr mitfühlend, und doch wurde Er nie wankend darin, das Leben zu bejahen, egal welches der Zustand war oder wie lange er schon gedauert hatte. Er half denjenigen, die Heilung brauchten, mit der Lebenskraft in ihnen in Verbindung zu treten, einen Durchbruch zur Heilung zu machen. Er sah sie als ganz; er sah sie vollkommen. Er sagte: *„Dein Glaube hat dich gerettet"* (Matt. 9:22). Er sprach das Wort der Heilung, und für viele, die darauf hörten, gab es eine unmittelbare Antwort. Sie verspürten eine Erneuerung des Lebens. Geist, Körper und Seele fühlten den Heilungsstrom. Sie wurden buchstäblich zum Leben erweckt.

Silent Unity folgt Jesus dabei, das Leben zu bejahen, alle, die um Heilungsgebete bitten, daran zu erinnern, daß das mächtige Leben Gottes in ihnen ist. Wir sagen: „Du kannst geheilt werden." Wir beten um Heilung, und wir halten an unserer Vision des vollkommenen Selbst, des Christusselbst, in allen fest, für die wir beten. Wir erinnern sie daran, daß sie ihrer Bestimmung nach gesund und vital lebendig sein sollen, daß sie dazu bestimmt sind, liebevoll, fröhlich und kreativ zu sein. Wir wissen, daß es inwendig und von Geburt an in einem jeden eine Sehnsucht nach der Wahrheit gibt, ein Verlangen nach Licht, ein Verlangen danach, mehr zu sein, als er bis jetzt zum Ausdruck gebracht hat.

Ich denke, das ist der Grund dafür, warum die Gebete von Silent Unity so wirksam sind, denn sie werden als ein großes Ausströmen von Liebe und Leben von denjenigen empfunden, die versucht waren, aufzugeben, Krankheit und Unglück als ihr Los hinzunehmen, die sich selbst für ihre Fehler gescholten haben mögen, die sich unwürdig fühlen oder sich fragen mögen, wo sie etwas falsch gemacht haben.

Jesus heilte die Kranken, aber wesentlicher als das ist, daß er eine Botschaft des Lebens vermittelte – ewigen Lebens. Er sagte: *„... deine Sünden sind dir vergeben"* (Matt. 9:2). Was für Sünden? Die Sünden negativer Gedanken und Gefühle, falscher

Überzeugungen, die uns an Krankheit und Unglücklichsein und an all die Begrenzungen des sterblichen Bewußtseins gebunden halten.

Die gesündesten Menschen denken wahrscheinlich am wenigsten über die Gesundheit als solche nach, aber sie haben eine gesunde Einstellung, sie haben eine lebensbejahende Einstellung. Gesundheit, wahre Gesundheit, ist Gesundheit des Bewußtseins, Gesundheit des Körpers, Gesundheit der Seele. Gesundheit ist eine Sache der ganzen Person.

Es spricht alles für die Seite des Lebens. Daß wir dazu bestimmt sind, vital und gesund, mit Energie und Begeisterung zu leben, ist die Grundlage für alle Heilung. Daß es eine Beziehung zwischen unseren Gedanken und Einstellungen einerseits und unserem Gesundheitszustand andererseits gibt, wird von mehr und mehr Menschen akzeptiert.

Jesus Christus brachte der Welt eine Botschaft des Lebens. Seine Worte gaben Leben. Er heilte diejenigen, die sich an ihn wandten. Er fragte nicht: „Bist du es wert, geheilt zu werden?" Er sagte nicht: „Dieser Zustand ist unheilbar." Er sagte nicht: „Du wirst eben mit dieser chronischen Beschwerde leben müssen." Jemand hat einmal richtig gesagt, daß Jesus keine „Patienten" hatte. Er heilte, und die Kranken nahmen ihre Betten auf; das heißt, sie gingen dem Geschäft des Lebens nach. Als er die Schwiegermutter von Petrus heilte, erhob sie sich und bereitete das Essen zu.

In einem Artikel in „Reader's Digest" wurde Lewis Thomas, Kanzler des weltweit größten Forschungszentrums in New York, mit dem Ausspruch zitiert: *„Ich glaube leidenschaftlich an unsere Art und habe keine Nachsicht gegenüber der gegenwärtigen Mode, das menschliche Wesen herunterzumachen ... Im Gegenteil, wir sind eine spektakuläre, glänzende Manifestation des Lebens. Wir spielen eine Rolle. Wir sind die neueste, jüngste, strahlendste Sache, die es gibt."* Der Artikel sagt, daß Dr. Thomas glaubt, daß unsere übertriebene Furcht vor Krankheitskeimen mit unserer beständigen Unruhe wegen unserer Gesundheit zusammenhänge, daß die Existenz guter Gesundheit für viele Leute etwas sei, was nur widerstrebend zur Kenntnis genommen wird, so als könnte es einem jederzeit entrissen werden. *Und doch, insistiert er, sind wir im wirklichen Leben erstaunlich zäh und dauerhaft ... Man würde meinen, daß die bloße Tatsache der Existenz bewirken würde, daß wir alle uns in zufriedenen Geblendetsein befänden. Man sollte meinen, daß wir nie aufhören würden zu tanzen.*

Charles Fillmore, Mitbegründer von Unity, hatte ein wunderbar vitales Lebenskonzept, ein Konzept, das er für sich selbst bewies. Er tanzte immer noch vor Freude im Gedanken an das Leben, als er im Alter von 94 Jahren diese Bejahung aufschrieb: *Ich glühe förmlich vor Eifer und Begeisterung und springe mit einem mächtigen Glauben vorwärts, um die Dinge zu tun, die ich tun sollte.*

Im 15. Kapitel des I. Korintherbriefes lesen wir: *Und es gibt himmlische Leiber und irdische Leiber ... Gibt es einen natürlichen Leib, so gibt es auch einen geistigen. So steht auch geschrieben: „Der erste Mensch, Adam, wurde zu einer lebendigen Seele", der letzte Adam zu einem lebendig machenden Geiste ... Denn dieses Verwesliche muß anziehen Unverweslichkeit und dieses Sterbliche [muß] anziehen Unsterblichkeit. Wenn aber dieses Verwesliche angezogen hat Unverweslichkeit und dieses Sterbliche angezogen hat Unsterblichkeit, dann wird eintreffen das Wort, das geschrieben steht: „Der Tod ist verschlungen in Sieg."*

Der Christus in uns ist der „letzte Adam", der ein lebendig machender Geist ist. Suchen wir Leben und Gesundheit? Wir haben einen lebendig machenden Geist in uns! Als der Ausdruck werdende und im Ausdruck erscheinende Christus Gottes werden wir ein lebendig machender Geist. Diese Erkenntnis gibt vielen der Worte des Lebens, von denen wir vielleicht nicht gedacht haben, daß sie sich auf uns beziehen, auf unsere eigene Gesundheit und unser Wohlbefinden, einen neuen Sinn.

Charles Fillmore sagt: *Wenn der Mensch erkennt, daß „Tod*

und *Leben in der Macht der Zunge liegen"*, und anfängt, seine *„Ich bin"-Aussagen klug zu gebrauchen*, hat er den Schlüssel, der die geheimen Kammern der Existenz im Himmel und auf Erden aufschließt.

Die höchsten „Ich bin"-Aussagen sind die Worte von Jesus. Jesus sagte, daß wir seine Worte bewahren sollen. Der Weg, um seine Worte zu bewahren, ist, sie uns zu eigen zu machen, sich mit ihnen zu identifizieren, sie zu bejahen, mit ihnen zu leben.

Denke an einige der Worte von Jesus, die machtvolle „Ich bin"-Aussagen sind.

„Ich bin der Weg, die Wahrheit und das Leben" (Joh. 14:6).

„Ich bin das Licht der Welt" (Joh. 8:12).

„Ehe Abraham war, bin ich" (Joh. 8:58).

„Ich bin das Brot des Lebens" (Joh. 6:35).

„Ich bin die Auferstehung und das Leben" (Joh. 11:25).

Wenn wir diese mächtigen „Ich bin"-Aussagen machen, sprechen wir sie im Namen von Jesus Christus, dem Sohn in uns, in dem wir das Leben haben.

Und darin besteht das Zeugnis, daß uns Gott ewiges Leben gegeben hat, und dieses Leben ist in seinem Sohne. Wer den Sohn hat, der hat das Leben (I. Joh. 5:11-12).

Der Christus in uns ist der zweite Adam, der Sohn Gottes. Im Sohn, dem Christus unseres Seins, haben wir ewiges Leben.

Mach dies zu deiner Bejahung: *Ich bin ewig lebendig durch das Leben Christi in mir, den lebendig machenden Geist meines Seins.*

Oder wißt ihr nicht, daß euer Leib ein Tempel des heiligen Geistes in euch ist, den ihr von Gott habt ...?... so verherrlichet nun Gott mit eurem Leibe! (I. Kor. 6:19-20). Dein Körper ist der Tempel Gottes, und du bist der lebendig machende Geist, der in diesem Tempel wohnt. Gott in deinem Körper zu verherrlichen bedeutet, das Leben Gottes an dir zu zeigen, Leben, Vitalität und Energie zum Ausdruck zu bringen.

„Ich bin gekommen, damit sie Leben und reiche Fülle haben" (Joh. 10:10). Denke über diese Worte Jesu nach und bejahe, daß

Christus, der lebendig machende Geist, in dein Bewußtsein gekommen ist und Gesundheit und Erneuerung bringt.

Bejahe: *In Christus bin ich ein lebendig machender Geist. In Christus bin ich vollkommen und vital lebendig.*

Ich bin das Brot des Lebens. Mach dieses Wort von Jesus Christus zu deinem eigenen Wort. Was ist das Brot des Lebens? Es ist die Substanz des Lebens, die Essenz des Lebens, die Lebenskraft. Denke dir deinen Körper als zusammengesetzt aus der Substanz des Gott-Lebens selbst, als in Wahrheit das „Brot des Lebens". Mach dies zu deiner Bejahung: *Ich bin das Brot des Lebens. Ich bin gespeist, ernährt und verjüngt durch das lebendige Brot.*

„Und wie Mose in der Wüste die Schlange erhöhte, so muß der Sohn des Menschen erhöht werden, damit jeder, der glaubt, in ihm ewiges Leben habe" (Joh. 3:14-15). Wenn wir unser Bewußtsein zum Christus erheben, treten wir in das lebendige Christusbewußtsein ein, in das Bewußtsein des ewigen Lebens. *„Denn das ist der Wille meines Vaters, daß jeder, der den Sohn sieht und an ihn glaubt, ewiges Leben habe"* (Joh. 6:40).

„Ich bin die Auferstehung und das Leben. Wer an mich glaubt, wird leben, auch wenn er stirbt; und jeder, der lebt und an mich glaubt, wird in Ewigkeit nicht sterben" (Joh. 11:25-26). Dies ist die große „Ich bin"-Aussage, die uns in ein neues Lebensbewußtsein hineinhebt. Wenn wir bejahen: *Ich bin die Auferstehung und das Leben*, werden unsere Gedanken erhoben, unsere Gefühle werden erhoben, alles in uns wendet sich der Vorstellung des Lebens zu – von Leben, das Gesundheit für unseren Körper ist, Leben, das Gesundheit für unsere Seele ist, Leben, das Gesundheit für unser Bewußtsein ist, Leben, das Freude und Glück und ein Gefühl des Wohlbefindens auf jeder Ebene des Bewußtseins, in jeder Phase unserer Existenz ist.

Norman Cousins, der über seine Heilung durch Lachen schrieb, sagt: *Ich habe gelernt, nie die Fähigkeit des menschlichen Bewußtseins und Körpers, sich zu regenerieren, zu unterschätzen – selbst wenn die Aussichten ganz elend erscheinen.*

Die Lebenskraft ist vielleicht die am wenigsten verstandene Kraft auf der Welt.

Cousins sagt auch: *Lange vor meiner eigenen schweren Krankheit gelangte ich zu der Überzeugung, daß Kreativität, der Wille zu leben, Hoffnung, Glaube und Liebe biochemische Bedeutung haben und in starkem Maße zur Heilung und zum Wohlbefinden beitragen. Die positiven Emotionen sind lebenspendende Erfahrungen.*

Wenn du dich schwach oder krank fühlst, regeneriere deinen Lebenswillen, bekräftige von neuem deinen Glauben. Mach deinen eigenen Durchbruch zur Heilung; gelange zu deiner eigenen lebenspendenden Erfahrung. Es ist möglich, weil du ein lebendig machender Geist bist. Wann immer düstere Gedanken oder Gedanken der Furcht oder des Unglücklichseins einzudringen versuchen, hebe die Ebene deines Denkens, erhebe deinen Glauben. Mache starke Lebensbejahungen, Bejahungen der Furchtlosigkeit, des Glaubens, der Freude. Indem du machtvolle, lebenspendende Ideen bejahst, trittst du in Verbindung mit dem heilenden Strom des Lebens in dir, du wirst lebendig – an Bewußtsein, Körper und Seele.

Es folgen einige Bejahungen, die du vielleicht für dich selbst nachvollziehen und deinem Bewußtsein einverleiben möchtest:

Ein vollkommenes Lebensschema ist mir eingebaut.

Krankheit hat keinen Anteil an mir.

Die vollkommene Körperidee kann nicht sterben. Ich bin die Auferstehung und das Leben. Ich bin eins mit dem ewigen Leben.

Ich bin Geist, Bewußtsein und Körper – eines – nicht getrennt.

Die Substanz meines Körpers ist spirituell; ich bin eins mit dem Gott-Leben. Ich werde Gott schauen (vgl. Hiob 19:26).

Christus, der lebendig machende Geist in mir, gibt meinem Körper Leben, gibt meinem Bewußtsein Leben, gibt meinem Geist Leben.

Du bist ein Star

Jedesmal, wenn ein Kind zur Welt kommt, ist es, als hätte es schon auf seine Chance gewartet, bereit, seinen Platz mitten auf der Bühne einzunehmen, seine Hauptrolle in der Produktion zu spielen, die wir sein Leben nennen.

Hast du deine Hauptrolle gefunden? Oder hast du das Gefühl, immer noch auf deine Chance zu warten?

Als Jesus in die Welt kam, wurde ein Star geboren. Als du in die Welt kamst, wurde ein Star geboren. Jesus kannte seine Rolle. Du magst nach deiner Rolle gesucht haben, nach deinem Platz im Leben gesucht haben, nach Sinn und einem Ziel gesucht haben.

Was ist ein Star? Ein Stern, ein Lichtbringer. Um deine Rolle als ein Star auf der Bühne des Lebens zu erfüllen, mußt du ein Lichtbringer sein. Nicht jeder kann der Star in einer Theaterproduktion sein, aber jeder kann ein Star in seiner eigenen Sphäre sein, jeder kann ein Lichtbringer sein.

Ein Dichter hat einmal gesagt:

Halte deine erleuchtete Lampe hoch,
Sei ein Stern an jemandes Himmel.

Du magst sagen: „Ich bin nicht viel wert; mein Leben ist nicht viel wert." Aber du kannst ein Star, ein Stern in deiner eigenen Lebenserfahrung sein, und du kannst ein Stern in jemandes Himmel sein, indem du deine Lampe des Glaubens hochhältst.

Du magst das Gefühl haben, dein Licht sei mehr wie eine winzige Kerze als wie ein Stern. Aber es ist richtig gesagt worden, daß keine Dunkelheit in der Welt das Licht einer kleinen Kerze auslöschen kann. Du kannst ein Licht sein, ein kleines Licht vielleicht, aber dennoch ein Licht, das in der Finsternis leuchtet. Und eine kleine Kerze kann andere Kerzen anzünden, ohne das Geringste von ihrem eigenen Licht zu verlieren.

Dies ist *das Geheimnis, das verborgen war, seitdem es Welt-*

zeiten und seitdem es Geschlechter gibt ... Christus in euch, die Hoffnung auf die Herrlichkeit (Kol. 1:26, 27). Dies zu erkennen heißt, die Antwort auf unsere Suche nach Bedeutung und Sinn im Leben zu finden. Zu wissen, daß Christus in uns ist, unsere Hoffnung auf die Herrlichkeit, heißt zu wissen, daß unser Wunsch, mehr zu sein, mehr auszudrücken, kein vergeblicher Traum ist, sondern spirituelle Intuition.

Christus in uns ist unsere Hoffnung auf die Herrlichkeit, die Erfüllung unserer wahren Bestimmung. Wenn wir erkennen, daß Christus in uns ist, werden wir in eine neue Erkenntnis dessen wiedergeboren, wer wir sind und warum wir sind. Wenn Christus in uns ist, unsere Hoffnung auf die Herrlichkeit, wenn wir Ausdrucksformen des Christus in der Welt sind, dann sind unser Zweck und unsere Rolle klar. Wir sollen den Christus ausdrükken, Christus in die Welt der Gedanken, die Welt des Handelns, die Welt um uns herum hineinbringen.

Christus ist Licht; wir sollen das Christuslicht ausdrücken, es durch uns hindurchleuchten lassen. Laßt uns die Kerze des Glaubens anzünden. Laßt uns 'Stars', Sterne des Lichts in unserer Welt sein, Sterne in jemandes Himmel.

Christus ist Frieden; wir sollen Frieden ausdrücken, unserem eigenen Bewußtsein und Herzen Frieden bringen, unseren Frieden anderen geben.

Christus ist Liebe; wir sollen Liebe ausdrücken. Unser Zweck, unsere Starrolle im Leben, ist, die Menschen in unserem Leben wirklich zu lieben, über Unterschiede hinwegzusehen, blind für Fehler zu sein, mit christusgleicher Liebe zu lieben – der Liebe, die die innere Vollkommenheit und Gottgleichheit in allen sieht.

Christus ist Leben. Wir sollen Leben ausdrücken, einen Geist der Vollkommenheit und des Wohlbefindens ausstrahlen, vital und begeistert sein. Wir drücken das Leben aus, wenn wir um Heilung beten, wenn wir an Gottes Macht glauben, diejenigen, für die wir beten, zu heilen. Wir erfüllen unsere Starrolle, wenn wir uns unseren Glauben an das Leben bewahren und dessen eingedenk bleiben, daß wir jetzt in der Ewigkeit leben.

Erhebe deine Vision

Einige Eindrücke prägen sich uns für immer ein. Mit meinem geistigen Auge kann ich immer noch May Rowland sehen, die für mehr als fünfzig Jahre Leiterin von Silent Unity war und zu den größten spirituellen Führungspersönlichkeiten in Unity gehörte, wie sie gelassen und heiter dastand und mit einer Frau sprach, die weinte und völlig aufgelöst war. Ich dachte: Wie kann May angesichts der sichtbaren Erregung dieser Frau so ruhig bleiben?

Ich lernte von May Rowland und von meiner langen Verbindung mit Silent Unity, daß wir anderen am meisten helfen, indem wir ihnen im Glauben beistehen, – viel mehr als dadurch, daß wir uns ihre Probleme zu eigen machen. Wir möchten liebevoll und mitfühlend und sensibel für die Bedürfnisse anderer sein, und wir möchten ihnen auch helfen zu erkennen, daß sie die gottgegebene Fähigkeit besitzen, aus der Depression herauszukommen, Kummer zu überwinden, mit ihren Problemen fertig zu werden, eine glückliche, bessere Lebensweise zu finden.

Bei Silent Unity beten wir, wenn wir für andere beten, zuerst um unsere eigene Erleuchtung. Wir beten, um unseren eigenen Glauben zu steigern, wir beten, um unsere eigenen Gedanken, unser eigenes Bewußtsein auf eine höhere Ebene zu heben.

Wenn wir uns um andere und ihre Probleme sorgen, müssen wir uns daran erinnern, daß unser erstes Bedürfnis darin besteht, um unsere eigene Erleuchtung zu beten.

Solange wir wegen eines anderen beunruhigt und besorgt sind, müssen wir erhoben werden, unser Bewußtsein muß erhoben werden. Solange wir nur die Nöte und Probleme eines anderen sehen, haben auch wir ein Problem. Wir müssen unsere Vision erheben, über die Nöte und Probleme hinweg auf den Geist Gottes in dem Betreffenden sehen. Wir müssen an der Wahrheit festhalten, daß alles geändert werden kann, daß mit Gott alle Dinge möglich sind. Solange wir wegen des Gesundheitszustandes eines anderen ängstlich sind, brauchen auch wir ein Heilungsbewußtsein. Wir müssen unsere eigenen Gedanken erheben, an der Vorstellung des Lebens festhalten, daran glauben, daß der heilende Christus wiederherstellen und heilen kann. Solange wir schlaflose Nächte damit verbringen, uns um unsere Lieben zu sorgen, sind ihre Probleme unsere Probleme. Wir müssen unsere Lieben in Gottes Fürsorge und Obhut entlassen, loslassen und es Gott überlassen, den Glauben aufbringen, daß Gott mit ihnen ist, ihre Hilfe in jeder Not.

Wir möchten helfen und wir können es, wenn wir unseren Glauben an Gott stark halten. Wir helfen anderen in unseren Gebeten und in unserem Umgang mit ihnen, wenn wir nicht Schwäche sehen, sondern Stärke, wenn wir nicht Verzweiflung sehen, sondern Glauben und Zuversicht, wenn wir zu einem, der sagt: „Ich kann nicht! Es ist unmöglich!", sagen: „Du kannst! Bei Gott sind alle Dinge möglich!"

Vielleicht ist das, was andere am meisten von uns haben wollen, das Gefühl und der Glaube, daß es einen Weg gibt, ihren Problemen zu begegnen und sie zu überwinden. Sie würden zu uns sagen: „Laß mich nicht im Stich. Sei stark. Gib mir nicht das Gefühl, weniger zu sein, als ich bin. Erzähle mir von meiner Stärke. Ermutige mich, an Gott zu glauben, an mich selbst zu glauben. Gib mir den Mut, auf meinen eigenen beiden Beinen zu stehen."

Wenn du um irgend jemanden besorgt bist, dann bete selbstverständlich für diesen Menschen, aber zuallererst bete darum, im Glauben erhoben zu werden, von der starken Gewißheit von Gottes Gegenwart und Macht erfüllt zu werden, die nie versagt, die jetzt in dir und in deinen Lieben wirkt. Vor allem bete darum, daß du ein Segen sein mögest, daß du als ein Kanal dienst, durch den Gottes Werk getan wird.

Die Antwort ist immer ja

Viele Leute haben viele Dinge über das Gebet gesagt. Aber der beste Weg, Gebet zu definieren, ist, es zu praktizieren, es zu erleben.

Die meisten von uns wissen mehr über das Gebet, als wir annehmen; wir beten häufiger, effektiver, als uns bewußt ist. Es heißt:

Gebet ist der aufrichtige Wunsch der Seele,
Laut gesagt oder unausgesprochen.

Bewußtes, positives, konstruktives Denken ist eine Art von Gebet. Unbewußtes Denken ist eine Art von Gebet. Reaktionen und Gefühle sind eine Art von Gebet. Unser inneres Gespräch mit uns selbst ist eine Art von Gebet.

Wir hören viel über den Wert der Meditation als einer Art von Gebet. Wenn Gott in uns ist, dann ist der Ort, um Gott zu finden, in der Stille unseres eigenen Wesens. Meditation hilft uns, unsere Gedanken in Gott zu zentrieren, unsere Herzen auf Gott einzustimmen, unsere ganze Aufmerksamkeit auf die Gegenwart Gottes mitten in uns zu richten. Meditation wird manchmal die „Stille" genannt. In der Stille unserer Seele, die durch Meditation erreicht wird, fühlen wir unser Einssein mit Gott, mit allem, was Gott ist. Wir sind in der Gegenwart des reinen Seins, in der Gegenwart von Liebe, Leben, Frieden, Kraft, Weisheit und Freude. Jenseits des Denkens, jenseits der Worte fühlen und wissen wir, daß Gott ist und daß wir sind. Es ist Macht in der Stille. Aus den tonlosen Tiefen des Seins fließt Kraft. Mit dieser Macht treten wir am Ort der Stille in uns in Verbindung, dem geheimen Ort, dem Ort, an den wir gelangen, wenn wir zum Selbst, zu den Gedanken, zu den Gefühlen und Emotionen sagen: *„Seid stille und wisset, daß ich Gott bin"* (Psalm 46:10).

Denken ist eine Art von Gebet, aber nicht alle Arten von Gedanken sind Gebete. Die Art von Denken, die uns Selbstvertrauen gibt und uns zu konstruktivem, positivem Handeln inspiriert, das ist Gebet. Die Art von Denken, die uns Einsicht und Verständnis unserer selbst und anderer gibt, das ist Gebet. Die Art von Denken, die sich weigert, negative Meinungen zu akzeptieren, die nach Wahrheit und Licht sucht, das ist Gebet.

Denken ist eine Art von Gebet, die unser Leben verändert; Denken ist bewußtes Gebet in Aktion.

Man hat gesagt, daß Gebet die Dinge ändert. Die denkende Art von Gebet verändert Leben. *Denn wie er* [der Mensch] *denket in seinem Herzen, so ist er* (Sprüche 23:7 A.V.) 'Herzdenken' ist eine Art von Gebet, die unsere Einstellung und unsere Lebenssicht vergeistigt. Es ist eine Art von Denken, zu der wir als spirituelle Wesen, die mit Gottes eigenem Geist begabt sind, fähig sind.

Wenn wir ein Problem haben, wird uns gesagt, daß wir über Gott und nicht über das Problem nachdenken sollten. Das ist oft leichter gesagt als getan. Wir mögen von dem Gedanken an das Problem verzehrt werden. Wir mögen schlaflose Nächte verbringen und uns fragen, wie wir es lösen sollen. Wir haben das Gefühl, es ist *unser* Problem. Wir sagen uns, wir können nicht von Gott erwarten, daß er es für uns löst.

Die Antwort ist natürlich da, die Lösung ist greifbar nahe, aber wir müssen uns dem Licht öffnen, uns selbst zu Kanälen machen, durch die Weisheit und Intelligenz fließen können. Sich über ein Problem den Kopf zu zerbrechen und darüber zu grübeln und zu versuchen, uns einen Weg durch ein Problem hindurchzudenken, ist nicht Gebet. Die Art von Gebet, die nötig ist, ist, loszulassen und Gott übernehmen zu lassen, über Gott, die unfehlbare Macht zum Guten, die in uns und in allem, was uns betrifft, am Werk ist, nachzudenken. Die bloßen Worte *Gott ist hier; Gott hat das Sorgen* sind vielleicht schon alles, was wir uns bewußt machen müssen, um das Problem loslassen und in Glauben und Vertrauen ruhen zu können. Licht wird kommen, Antworten werden kommen, wir werden unseren Weg klar sehen. Die Antwort ist immer ja.

Denn Gottes Sohn Christus Jesus ... war nicht Ja und Nein, sondern in ihm ist es immer Ja; denn alle Verheißungen Gottes finden in ihm ihr Ja (II. Kor. 1:19, 20 Standard Version).

Alle Verheißungen Gottes finden ihr Ja in Christus, dem Geist Gottes in uns. Dies zu wissen, heißt zu wissen, wo menschliche Kraft aufhört und göttliche Macht anfängt. Das ist es, was es bedeutet, über Gott nachzudenken, statt über das Problem nachzudenken. Es ist eine Göttlichkeit in uns, das Christusselbst, die uns Ja-Antworten auf unser Suchen gibt, die uns erkennen läßt, daß wir in uns spirituelle Kräfte und Fähigkeiten, spirituelle Größe haben. Wie klein erscheinen unsere menschlichen Probleme, wie leicht werden sie gelöst, wenn wir sie im Gebet zu Gott bringen, wenn wir sie loslassen und unser ganzes Sein in eine Zeit des Lobens und der Freude für die wundervolle Macht, die in uns und in unserem Leben am Werk ist, eintreten lassen. Die Antwort ist immer ja!

Wenn wir einen kleinen Schritt im Gebet tun, können wir große Ergebnisse erwarten. Die Macht des Gebets ist eine vervielfältigende Macht, denn die Macht hinter dem Gebet ist der Glaube. Jesus sprach von der vervielfältigenden Macht des Glaubens. Er verglich ihn mit einem Senfkorn. Gebet, das ein Gebet des Glaubens ist, einer gläubigen Gewißheit, die sagt: „Ich glaube" und es wirklich meint, kann Wunder wirken. Jesus sagte: *„Wer zu diesem Berge sagt: Hebe dich empor und wirf dich ins Meer! und in seinem Herzen nicht zweifelt, ... dem wird es zuteil werden"* (Mark. 11:23). Hier ist wieder das Herzensgebet. Das Gebet, das wir aus unserem Herzen heraus und im Glauben tun, versetzt Berge der Sorge, bringt Wunder der Gesundheit und Hilfe jeglicher Art hervor.

Gebet ist mehr als bloß eine Zeit, die extra dazu bestimmt ist, mit Gott zu kommunizieren, obwohl es wichtig ist, daß wir uns täglich Zeit zu stillem Gebet und Meditation nehmen. Gebet ist kontinuierlich. Uns wird gesagt, wir sollten unaufhörlich beten. Wir beten unaufhörlich, wenn wir uns selbst in der Wahrheit zentriert halten, wo wir auch sind und was wir auch tun.

Wir mögen sehr aktiv und mit den Angelegenheiten unserer Welt beschäftigt sein, aber hinter den Kulissen, in unserem inneren Gedankenbereich, in unserem innersten Herzen halten wir an unserer Vision der Wahrheit fest, halten wir unser Bewußtsein auf Gott und auf Gottes Güte ausgerichtet.

Es gibt alle möglichen Arten von Gebeten, denn es gibt alle möglichen Arten von Bedürfnissen. Manchmal ist unser Gebet darauf gerichtet, Kraft zu erhalten. Wir brauchen Willensstärke, Stärke des Geistes, Entschlußkraft, Kraft zum Handeln, zu tun, was getan werden muß, die Kraft, weiterzumachen.

Zu anderen Zeiten ist unser Gebet ein Gebet der Hingabe, Hingabe an den Höchsten, Hingabe unseres Willens an den vollkommenen Willen Gottes. Unser Bedürfnis ist, das Gefühl aufzugeben, daß wir es alles schaffen müssen, daß die Verantwortung allein uns überlassen bleibt. Es ist eine Zeit, um loszulassen und es Gott übernehmen zu lassen. Und im Hingeben des menschlichen Sichmühens und Kämpfens entdecken wir, daß wir Kraft haben, spirituelle Kraft.

Es gibt Gebete der Verneinung und der Bejahung, aber selbst das Gebet der Verneinung ist ein Gebet der Bejahung, denn eine wirkliche Verneinung ist eine positive Ablehnung von allem, was negativ oder falsch oder der Güte Gottes nicht gleich ist. Eine Verneinung ist in Wirklichkeit unser Leugnen, von etwas Geringerem als unserem Guten überzeugt zu sein, davon überzeugt zu sein, daß das Böse irgendeine Macht habe. Eine Bejahung folgt immer auf eine Verneinung.

Das bejahende Gebet ist das Ja-Gebet, unsere Bejahungen sind unsere Art, ja zur Wahrheit zu sagen. Unsere Bejahungen der Gesundheit sagen ja zum Leben; unsere Bejahungen der Harmonie sagen ja zum Frieden; unsere Bejahungen der Weisheit sagen ja zum Licht. Unsere bejahenden Gebete sind Gebete, die unseren Glauben in Worte umsetzen, die unsere Gewißheit in Worte umsetzen. Wir bejahen das Gute nicht, um es wahr zu machen; wir bejahen es, weil es wahr ist.

Gebet ist eine Lebensweise; Gebet ist Leben. Wir beten bewußt; wir beten unbewußt. Aber je mehr wir über das Gebet wissen und je mehr wir es praktizieren, desto sinnvoller wird das Leben. Wir entdecken, daß unsere erste Reaktion auf alles im Leben eine positive wird, eine Reaktion, die auf der Wahrheit basiert. Wir werden stärker, klüger, liebevoller, verständnisvoller. Wir sind in der Lage, unseren Erfahrungen mutig und in einem Geist des Glaubens zu begegnen.

Es gibt alle möglichen Arten von Gebeten. Es gibt Zeiten, zu denen wir um Dinge beten. Es ist nicht falsch, um Dinge zu beten, zu bestimmten Zeitpunkten ganz gezielt zu beten. Wie wir beten, warum wir beten, was uns die Dinge bedeuten – das ist wichtig. Wenn wir Gott an die erste Stelle setzen, suchen wir nicht nach Dingen um ihrer selbst willen; ebensowenig meinen wir aber, es sei eine Tugend, arm und bedürftig zu sein oder krank zu sein und Schmerzen zu haben.

Die höchste Form des Gebets ist das Gebet, das um nichts bittet, das Gebet, das ein großes und herrliches „Danke, Gott!" ist. Das Gebet des Danks ist wahrhaftig ein Gebet des Glaubens. Es verleiht unserem Dank Ausdruck, noch ehe einem Bedürfnis begegnet ist. Es sagt mit Jesus: *„Vater, ich danke dir, daß du mich erhört hast. Ich aber wußte, daß du mich allezeit erhörst"* (Joh. 11:41-42). Das Gebet des Danks kommt auf unsere Lippen, erfüllt unser Herz und Bewußtsein, weil wir wissen und glauben, daß in Gott, in Christus, die Antwort immer ja ist!

Du bist sicher in Gott

Was ist Sicherheit? Ist es das Gefühl, das mit einer festen Beschäftigung und einem regelmäßigen Einkommen einhergeht, mit einer Erwartung, in künftigen Tagen genug zu haben, wovon man leben kann? Es stimmt, daß das ein Teil dessen ist, was ein Gefühl der Sicherheit ausmacht. Auch wenn jedoch jedem Angestellten auf der Welt für den Rest seines Lebens seine gegenwärtige Stelle und sein Gehalt garantiert würden, würde er immer noch weit davon entfernt sein, Sicherheit in ihrer wahrsten Bedeutung zu haben.

Warum? Weil Sicherheit nicht von außen kommt, sondern von innen. Sicherheit entspringt aus einer inneren Gewißheit des Bewußtseins, des Herzens und der Seele. Es ist die aufrechterhaltene Erkenntnis von Gottes Gegenwart und Macht, die einen über Furcht und Niederlage, Unglücklichsein oder Mutlosigkeit hinweghebt. Sicherheit wird aus der Quelle des Glaubens und der Freude im Innern gespeist und hält einen zuversichtlich, optimistisch und furchtlos. Sie ist der Lohn für gut angewandte Fähigkeiten und Talente, für geschäftige Hände, ein glückliches Herz, eine Seele, die mit geistiger Nahrung versorgt wird.

Junge Leute oder Leute, die über das Alter hinaus sind, das die Welt jung nennt, die ihren Platz im Leben suchen, brauchen keine Furcht vor der Zukunft zu haben, wenn sie zuallererst lernen können, sich nicht auf eine Arbeit zu verlassen, sondern auf Gott in ihnen selbst.

Heute gibt es – wie immer seit Anbeginn der Zeit – diejenigen, die nur düstere Aussichten sehen, die eine Zukunft voraussagen, die weder Erfolg noch Leistung verspricht.

Wir können nicht von einer Institution, einer Industrie oder der Regierung erwarten, daß sie uns Sicherheit und ein angenehmes Leben garantiert. Enttäuschung folgt mit Sicherheit auf ein derart falsch ausgerichtetes Vertrauen. Aber in uns ist der

Geist Gottes, auf den Verlaß ist, daß er uns sicher auf Wege zu glücklichem und erfolgreichem Leben führt. Die verläßlichste Garantie für Sicherheit in der Zukunft ist die gegenwärtige Erkenntnis der Hilfe und Inspiration Gottes im Innern. *„In Wahrheit werde ich inne, daß Gott nicht die Person ansieht, sondern [daß] in jedem Volk, wer ihn fürchtet und Gerechtigkeit übt, ihm willkommen ist"* (Apostelgeschichte 10:34, 35).

Wofür ein Mensch arbeitet, ist sicherlich wichtig. *„Mühet euch nicht um die Speise, die vergeht, sondern um die Speise, die ins ewige Leben bleibt"* (Joh. 6:27). Wenn wir nur für ein Gehalt arbeiten, dann erhalten wir in der Tat nur eine armselige Bezahlung. Denn das Geld ist bald ausgegeben, und wir haben nichts, worauf wir unsere Erwartung richten können, als den nächsten Scheck. Aber falls wir unsere Arbeit gern haben können, falls wir geistige, körperliche und spirituelle Freude darin finden können, sie zu tun, dann ist das Gehalt zweitrangig und der innere Lohn geht bei weitem über das Geld hinaus, das wir erhalten.

„Suchet vielmehr zuerst sein Reich und seine Gerechtigkeit! dann werden euch alle diese Dinge hinzugefügt werden" (Matt. 6:33). Suche, dem Höchsten und Besten, was in dir ist, in dem, was du tust, Ausdruck zu verleihen – was es auch sei –, und du brauchst dich nicht um eine finanzielle Entlohnung zu sorgen. Sie wird sich von selbst erledigen und für deine Bedürfnisse mehr als hinreichend sorgen.

Was wir erkennen müssen ist, daß jeder von uns auf seine eigene Art und Weise erfolgreich sein kann. Wir können nicht alle erwarten, dieselbe Art von Arbeit zu machen, dieselbe Stelle auszufüllen. Aber wir können alle beständig unsere speziellen Fähigkeiten und Talente steigern und den bestmöglichen Gebrauch von ihnen machen bei allem, was wir tun, – was immer es ist. Die Freude am Erfolg liegt schließlich in der Anstrengung, unsere früheren Bemühungen zu verbessern, unser Gehirn und unsere Hände effektiver bei der Arbeit zu benutzen, die die unsere ist.

Du bist erfolgreich, wenn du die vor dir liegende Aufgabe nach bestem Vermögen durchführst. Du bist erfolgreich, wenn du ständig an Verständnis zunimmst, wenn du einen besseren Gebrauch von deinem Talent und deiner Kreativität machst. Du bist erfolgreich, wenn du Gott in dir gefunden hast, denn du hast die Garantie der Sicherheit, die nichts und niemand dir nehmen kann, komme, was kommen mag!

Frühling in deinem Herzen

Kann dies der Baum sein, der sich schwarz und kahl gegen den Winterhimmel abhob, dieser Baum voller Blätter, dieses herrliche Etwas? Kann das dieselbe graue Winterwelt sein, diese Welt, die jetzt vor uns liegt, strotzend vor Schönheit?

Wir sind voller Staunen über die Wiederkehr des Frühlings, und ein unbeschreibliches Gefühl der Freude erhebt unser Herz bei jedem Zeichen für das Ende des Winters.

Aber noch wunderbarer ist die Erneuerung, die im menschlichen Bewußtsein, in Herzen und Leben stattfindet, die Erneuerung, die nicht auf die Rückkehr des Frühlings wartet, die Erneuerung, die nur auf den Glauben wartet.

Kein verwandelter Baum kann sich mit einem verwandelten Leben vergleichen. Keine Frühlingsblume, die sich ihren Weg nach oben durch den Schnee bahnt, ist auch nur halb so mutig wie ein Herz, das es lernt, wieder zu lieben. Keine grüne Lichtung, auf der Veilchen wachsen, ist so bezaubernd wie der Geist, der vergibt und dem vergeben ist.

Wir schauen auf unser eigenes Leben, und wir fragen uns erstaunt: „Kann es sein, daß ich das bin?" Wir staunen über die Arten und Weisen, wie wir gewachsen sind; wir betrachten unser Leben im Lichte des Verstehens; und wir sehen, wie unnachgiebig der Geist in uns uns vorwärts getragen hat, manchmal gegen unseren Willen. Wir sehen, daß die Winter unseres Lebens eigentlich nie wirklich völlig über uns geherrscht haben, daß immer, allem zugrundeliegend, der erneuernde, lebendig machende Geist Gottes am Werk war.

Wir blicken auf das Leben anderer, und wenn wir Augen zu sehen, Ohren zu hören und Herzen zu verstehen haben, sehen wir wunderbare Dinge. Wir sehen den Sieg des Geistes in uns über jede nur vorstellbare Art von Begrenzung. Wir sehen die Schwachen stark werden; wir sehen die Furchtsamen mutig werden; wir sehen die Schüchternen zuversichtlich werden; wir sehen die Kranken gesund werden; wir sehen die Armen reich werden; wir sehen die Unglücklichen zufrieden werden; wir sehen die Einsamen wieder zu einem Teil des Lebens werden; wir sehen die Verbitterten milde, die Feindseligen verständnisvoll, die Haßerfüllten freundlich und gut werden.

Wie kann es solche Verwandlungen geben? Wie können wir uns von einer Art Mensch zu einer anderen wandeln? Wie kann unser Leben einen neuen Sinn und ein neues Schema bekommen? Wie können unsere Füße neue Wege finden? Wie können unsere Herzen neues Glück finden? Wie kann unser Bewußtsein neue Weisheit, neues Licht finden?

Es ist möglich, weil etwas in uns schon immer Teil des vollkommenen Schemas gewesen ist und es immer sein wird. Wir wissen es nicht immer, während wir lernen und wachsen, aber es gibt einen Geist in uns, der uns gottwärts führt, auf Christus zu. Die Veränderungen in unserem Leben, in unseren Gefühlen, in unserer Einstellung, die so wunderbar und rätselhaft erscheinen, sind möglich, weil wir *wir selbst* werden, und nicht deshalb, weil wir ändern, was wir im wesentlichen sind.

Etwas in einem jeden von uns weiß, mit einem Wissen, das unanfechtbar ist, daß wir Geist sind, daß wir ohne Anfang oder Ende sind, daß wir nicht aufhören können zu sein. Wir antworten auf Jesu Worte: *„Ich bin die Auferstehung und das Leben. Wer an mich glaubt, wird leben, auch wenn er stirbt; und jeder, der lebt und an mich glaubt, wird in Ewigkeit nicht sterben"* (Joh. 11:25-26), weil wir wissen, daß sie wahr sind. Der Geist in uns sagt: „Das ist wahr. Das trifft auf dich zu. Das trifft auf alle zu."

Falls du dich aus irgendeinem Grunde niedergeschlagen gefühlt hast, falls du das Gefühl gehabt hast, ein Versager zu sein, falls deine Kraft zu schwinden schien, dann ist jetzt die Zeit, immer wieder von neuem zu bejahen: *Ich bin die Auferstehung und das Leben.* Die Atome und Zellen deines Körpers selbst werden auf dieses Wort reagieren; es wird sein, als würde Licht angemacht in der Stadt des Selbst, die du bist. Du wirst erkennen, was Jesus meinte, als er sagte: „*Ich bin das Licht der Welt.*" „*Ihr seid das Licht der Welt*" (Matt. 5:14). Kein Baum im Frühling wird grüner sein und stärker wachsen als du; kein sanfter Südwind wird wärmer sein als dein Herz; keine Welt wird die Erneuerung des Lebens in größerem Maße bezeugen als deine Welt im Innern!

Komm mit anderen aus

Eine Frau sagte einmal, sie könnte liebevoll und harmonisch sein, wenn nur ihre Familie nicht wäre! Anscheinend sagten oder taten ihre Angehörigen immer Dinge, die sie aufregten oder bewirkten, daß sie unglücklich und ungeduldig mit ihnen und mit sich selbst war.

Wenn es um menschliche Beziehungen geht – zu Hause, bei der Arbeit, in jeder Situation, in der wir mit anderen Menschen zu tun haben –, mögen wir es nicht leicht finden, Liebe auszudrücken, geduldig zu sein, verständnisvoll zu sein, anderen die Freiheit einzuräumen, sie selbst zu sein, selbst wenn wir mit vielen der Dinge, die sie sagen oder tun, nicht einverstanden sind. Es mag nicht immer leicht sein, aber es ist der Weg des Friedens und der Harmonie.

Wir möchten liebevoll, freundlich und verständnisvoll sein. Wir möchten andere nicht kritisieren oder ungeduldig mit ihnen sein, und wir fühlen uns nicht wohl und sind nicht im Frieden mit uns selbst, wenn wir entdecken, daß ein solches Gefühl in uns die Oberhand gewinnt.

Falls wir von unseren menschlichen Beziehungen herausgefordert werden, was für eine bessere Zeit gibt es dann, um zu üben, die Christusliebe zum Ausdruck zu bringen!

Jesus sagte: *„Daran wird jedermann erkennen, daß ihr meine Jünger seid, wenn ihr Liebe untereinander habt"* (Joh. 13:35). Nicht wie klug wir sind, nicht wie begabt wir sind, sondern wie liebevoll wir sind – das ist es, was wirklich wichtig ist.

Wir können es jeden Tag üben, die Christusliebe auszudrücken, und zwar denjenigen gegenüber, mit denen wir unmittelbar zu tun haben – am Frühstückstisch, im Bus, bei der Arbeit, – wo immer wir unter Menschen sind und mit anderen zusammenkommen.

Die Christusliebe auszudrücken, ist herausfordernd insofern, als es von uns verlangt, Liebe genauso denjenigen gegenüber auszudrücken, die nicht liebevoll sind, wie gegenüber denen, die liebevoll sind, denjenigen gegenüber, die uns mißfallen, ebenso wie gegenüber denen, die harmonisch und kooperativ sind, denjenigen gegenüber, deren Gesellschaft wir irritierend finden, ebenso wie gegenüber denen, deren Gesellschaft uns eine Freude ist, denjenigen gegenüber, mit deren Worten und Handlungen wir nicht einverstanden sein können, genauso wie gegenüber denen, zu denen wir aufblicken und die wir bewundern.

Eine der hilfreichsten Ideen, an die wir uns halten können, ist einfach diese: *Ich sehe den Christus in dir.* Das ist eine alles einschließende Bejahung der Christusliebe.

Es ist all unsere Anstrengungen wert, die Christusliebe auszudrücken, harmonisch zu sein, gute zwischenmenschliche Beziehungen zu haben. Andere werden natürlich auch dadurch gesegnet, aber wir sind diejenigen, die am meisten davon profitieren. Es kann unser Leben verändern.

Verleihe deiner Welt Flügel

Flügel sind schon immer ein Symbol der Freiheit gewesen, der Fähigkeit, sich über die Welt zu erheben und über ihr zu schweben. Flügel symbolisieren Erhebung. Wem immer wir Flügel verleihen, das sehen wir als rasch und leicht und frei an. Auf Flügeln des Gesanges, sagen wir, auf Flügeln der Liebe, auf Flügeln des Gebets.

Wir müssen unserer Welt Flügel verleihen, uns und unser Leben von der Knechtschaft befreien. Als Jesus sagte: „*Wenn ihr in meinem Worte bleibt, seid ihr in Wahrheit meine Jünger, und ihr werdet die Wahrheit erkennen, und die Wahrheit wird euch frei machen*", antworteten sie ihm: „*Wir sind Abrahams Nachkommen und sind nie jemandes Knechte gewesen; wie kannst du sagen: Ihr werdet frei werden?*" (Joh. 8:31-33).

Wir schauen uns und unser Leben an und wir sagen: „Ich bin ein freier Mensch, ich bin kein Sklave. Ich kann innerhalb vernünftiger Grenzen tun, was ich will, das heißt, innerhalb der Schranken des landeseigenen Gesetzes." Aber dann können wir uns auch die Frage stellen: „Warum fühle ich mich nicht frei? Warum fühle ich mich gebunden und belastet? Warum fühle ich mich meinen Gedanken und Gefühlen ausgeliefert? Warum ducke ich mich vor den Meinungen anderer? Warum bin ich an den Angelegenheiten und Sorgen anderer derart emotionell beteiligt, daß ich mich unentrinnbar mit ihnen zusammengebunden fühle?"

Um die Bedeutung der Freiheit zu erkennen, um wirklich frei zu sein, müssen wir die Art unseres Denkens ändern; wir müssen unserer Welt Flügel verleihen. Wir müssen das gedankliche Raster durchbrechen, mit dem wir uns selbst umgeben haben, und eine Perspektive für einen weiteren Horizont bekommen.

Wie die Menschen, die versuchten, die Lehre von Jesus zu analysieren und mit Vernunftgründen zu entkräften, die sich selbst aus menschlicher Sicht betrachteten und letzten Endes sagten: „Dies ist es, was wir sind, dies ist unser Erbe von unseren Vorfahren. Wir wissen nicht einmal, wovon du redest", gibt es auch heute Leute, die die Vorstellung von einem spirituellen Konzept ihrer selbst und der Welt ablehnen. Sie meinen, sie betrachten die Dinge logisch und rational. Sie sagen: „Ich bin an niemanden und nichts gebunden. Was meinst du mit Freiheit?"

Wenn wir unserer Welt Flügel verleihen, fliegen wir unserer Welt nicht davon, sondern verleihen ihr vielmehr zusätzliche Freiheit und Kraft. Wirkliche Freiheit kommt, wenn wir unserer Welt durch Glauben Flügel verleihen, wenn wir die Wahrheit erkennen, die Wahrheit, die uns frei macht. Was ist die Wahrheit, die wir erkennen sollen? Jesus sagte: „*Wenn nun der Sohn euch frei macht, werdet ihr wirklich frei sein*" (Joh. 8:36). Der Sohn ist der Christus, das spirituelle Selbst von uns, der wahre Charakter unseres Seins. In diesem spirituellen Selbst sind wir frei; durch dieses spirituelle Selbst finden wir uns selbst, wir erheben uns aus den alten, begrenzten Verhaltensweisen in freie, geistige Bereiche.

„Ihr werdet die Wahrheit erkennen, und die Wahrheit wird euch frei machen."

Die Wahrheit zu erkennen heißt, sich beständig der Gegenwart und Macht Gottes bewußt zu sein; die Wahrheit zu erkennen heißt, über die äußeren Zeichen hinweg auf die Ganzheit und Vollkommenheit Gottes zu schauen. Die Wahrheit zu erkennen heißt, zu erkennen, daß wir mehr sind als Fleisch und Blut; wir sind spirituelle Wesen, geschaffen nach Gottes Bild und Gleichnis, und haben in uns Gottes eigenen Geist, den Christus. Die Wahrheit zu erkennen heißt, frei zu sein.

Wir erkennen die Wahrheit, wenn wir beten, wenn wir unser Bewußtsein auf wahre und gute Gedanken ausgerichtet halten, wenn wir Gott und das Gute in all den Erfahrungen unseres Lebens sehen. Wir erkennen die Wahrheit, wenn wir unsere spirituelle Natur bejahen, wenn wir unsere Gedanken, unsere Gefühle, unsere Emotionen auf eine höhere Ebene heben, wenn wir unserer Welt durch unseren Glauben an den Geist in uns Flügel verleihen.

Die meisten von uns haben Lieblingsbejahungen, die als Flügel für unser Herz, unser Bewußtsein und unseren Geist fungieren. Eine besondere lautet: *Ich bin nicht in persönlichem Bewußtsein gebunden. Ich bin frei mit der Freiheit des Geistes.* Dies hilft mir, mich aus den persönlichen Gedanken und Gefühlen, die mich binden, zu erheben. Es hilft mir, die menschliche Neigung loszulassen, zu kritisieren oder mich zu sorgen oder mich oder einen anderen zu verurteilen. Es hilft mir, mich aus der emotionellen Verstrickung in ein Problem zu befreien, sei es mein eigenes oder das eines anderen. Es gibt mir Flügel, um mich an einen hohen Ort im Bewußtsein und im Herzen zu erheben, von dem aus ich mit spirituellem Sehvermögen sehen kann.

Wir sind in der Welt, und wir wollen es auch sein. Wir wollen ein aktiver Teil des Lebens sein. Wir möchten uns anderen Menschen nahe fühlen; wir möchten zum Wohlbefinden und Glück anderer beitragen. Wir möchten das Gefühl haben, gebraucht zu werden und erwünscht und notwendig zu sein. Wenn wir wirklich aufrichtig zu uns selbst sind, werden wir entdecken, daß wir niemand anders sein möchten. Wir würden kein anderes Leben wollen als unser eigenes, auch wenn es uns angeboten würde. Wir möchten uns nicht vom Leben zurückziehen, uns ihm entziehen. Wir möchten frei leben, aber mit einem Gefühl, eine Richtung zu haben, mit dem Gefühl, daß es einen Sinn hat.

Um frei zu sein, um die Wahrheit zu erkennen, um wie Kinder Gottes zu leben, müssen wir uns selbst erkennen. Und der einzige Weg, wie wir uns selbst erkennen können, ist durch die Stille, durch Gebet, dadurch, daß wir das persönliche Selbst still werden und den Christus in uns zum Vorschein kommen lassen. Gebet verleiht unserer Welt die Flügel des Glaubens.

Alle Dinge wirken
zum Guten zusammen

Einmal war ich mit Freundinnen zusammen, von denen eine im Begriff stand, ihre Zelte abzubrechen und Tausende von Kilometern weit wegzuziehen von dem, was viele Jahre lang ihr Zuhause gewesen war, fort von Verwandten und engen Freunden. Eine aus der Gruppe fragte: „Meinst du, du gehst endgültig (engl.: *for good,* wörtlich: „zum Guten"; d.Ü.)?" Die Antwort lautete: „Natürlich gehe ich 'zum Guten'!" Sie geht zum Guten, weil dies die Einstellung ist, mit der sie Erfahrungen begegnet.

Ich dachte über diese Redewendung „zum Guten" im Sinne von „endgültig" nach, die wir oft in einem negativen Zusammenhang gebrauchen. Hast du schon einmal gesagt oder jemanden über einen anderen sagen hören: „Ich bin endgültig (*for good,* also auch: „zum Guten") fertig mit ihm!"? Nun, wenn wir mit jemandem fertig sein wollen, ihn aus unseren Gedanken und unserem Leben verbannen wollen, dann würden wir besser daran tun, es „zum Guten" zu tun!

Wie Jakob, der mit dem Engel kämpfte, mögen wir nicht fähig sein, die verletzten Gefühle, die Bitterkeit, den Groll loszulassen, die den Wunsch nach völliger Ablehnung hervorgerufen haben. Du erinnerst dich, daß Jakob zu dem Engel sagte: *„Ich lasse dich nicht, du segnest mich denn"* (I. Mose 32:26). Wenn wir daher jemals versucht sind, über jemanden zu denken oder zu sagen: „Ich bin mit dir ein für allemal fertig (*for good*)!", dann laßt es uns als einen Segen meinen. Womit wir fertig sind, das sind unglückliche Gefühle, nachtragende Gedanken, bittere Erinnerungen. Wir sind mit diesen 'zum Guten' fertig! Das bedeutet, die unglückliche Situation zu segnen, aufzuhören, mit dem Engel zu kämpfen, es für gut zu erklären.

Manchmal sagt jemand, aus einer positiven Einstellung heraus, über irgendeine Gewohnheit oder Lebensweise, die nicht förderlich für Glück und Wohlbefinden gewesen ist: „Damit bin ich endgültig, zum Guten, fertig!" Gewöhnlich richtet sich dieser Gedanke und die Betonung auf die Vorstellung des erreichten Sieges, darauf, daß man die Stärke und die Willenskraft aufgebracht hat, negative Denkgewohnheiten und Handlungsweisen abzulegen. Es gibt der Erklärung des Betreffenden, frei von begrenzenden Denk- und Lebensgewohnheiten zu sein, zusätzliche Kraft, wenn er zugleich betont: *Zum Guten!* Wir möchten 'zum Guten' von alten, begrenzenden Verhaltensweisen frei sein. Wir möchten eine neue Lebensweise, ein neues Denken über uns selbst, eine neue Erkenntnis unseres spirituellen Selbst, das alles überwindender, siegreicher, freier Geist ist. *Ich bin damit endgültig – zum Guten – fertig!* ist eine positive Aussage, die uns ein Ziel und eine Richtung gibt. Wir lassen alte Verhaltensweisen hinter uns und drängen dem Neuen und Guten entgegen.

In kleinen Dingen, die unwichtig erscheinen mögen, schieben wir unser Gutes hinaus, schieben wir unsere Freude am Leben hinaus. Einmal machte ich einer Freundin ein Kompliment wegen ihres Aussehens, und sie sagte: „Nun, ich habe dieses Kleid für besondere Gelegenheiten, *für gut* aufbewahrt, aber ich habe beschlossen, daß ich es anziehen sollte." Wir haben alle schon Menschen kennengelernt, die alles „für gut" aufbewahrten. Die hübschen Kleider hingen im Kleiderschrank; das schöne Geschirr oder das Besteck wurde nie gebraucht; die gute Stube war stets staubfrei und wurde nicht benutzt. Die besten Dinge wurden sorgfältig weggeschlossen und „für gut" aufgehoben.

Wenn wir weiterhin unser Vergnügen an der Gegenwart aufschieben, wenn wir alles für irgendeinen mythischen „guten" Zeitpunkt aufheben, verlieren wir einen großen Teil der Freude am Leben.

In unserer Sicht des Lebens und in unserer praktischen Lebensweise möchten wir uns nicht irgendeinen zukünftigen Zeitpunkt als die Zeit denken, wo wir glücklich sein werden. Wir möchten unser Gutes nicht aufschieben, indem wir denken, daß wir das Leben dann genießen werden, wenn die Umstände alle vollkommen passen. Jetzt, heute, ist der Zeitpunkt, neue Ausblicke zu eröffnen, neue Lebenserfahrungen zu genießen, die Reichweite unseres Denkens und Interesses zu vergrößern.

Als Joseph, der von seinen Brüdern grausam und ungerecht behandelt worden war, die perfekte Gelegenheit zu Rache und Vergeltung hatte, waren seine Worte an sie: *„Ihr gedachtet es böse mit mir zu machen, aber Gott gedachte es gut zu machen"* (I. Mose 50:20).

„Gott gedachte es gut zu machen" – Gott hat es gut gemeint. Das ist etwas, woran wir uns erinnern müssen, wenn wir es schwer finden, das Gute in irgendeinem Geschehnis zu sehen. Das Gute ist da, obwohl es zur Zeit nicht offensichtlich sein mag. Trotz allen Anscheins meint Gott es zum Guten, und das Gute wird siegreich sein.

Eine der hilfreichsten Unity-Bejahungen ist für mich gewesen: *Alle Dinge wirken zu meinem Guten zusammen, und ich arbeite mit ihnen in der Weisheit und in der Macht des Geistes.* Das beruht natürlich auf der schönen Passage in der Bibel: *Wir wissen aber, daß denen, die Gott lieben, alle Dinge zum Guten mitwirken* (Röm. 8:28). Eine andere Unity-Bejahung, die dieselbe Vorstellung betont, ist: *Ich gehe meinem Guten entgegen.* Wie die Freundin, die sagte: „Natürlich gehe ich 'zum Guten'!", können wir sicher sein, daß wir, wenn wir diese Art von Haltung einnehmen, wenn wir 'zum Guten' gehen, wenn wir erwarten, unserem Guten zu begegnen, uns in Einklang mit dem bringen, was zu unserem höchsten Guten und zu unserem Glück ist.

In jeder Veränderung, die wir in unserem Leben vornehmen, in jeder menschlichen Beziehung, die wir zu lösen versuchen, bei jedem Wunsch nach größerer Freude am Leben, nach Freiheit von Mangel oder Begrenzung, laßt uns diese Redewendung erinnern: „Zum Guten!" Gehen wir zum Guten? Ja! Sind wir mit etwas oder jemandem zum Guten fertig? Ja! Meint Gott es zum Guten? Ja! Fürchte dich nicht, alle Dinge wirken zum Guten zusammen!

Du bist deinen Stimmungen nicht ausgeliefert

Es mag uns so scheinen, als seien einige Leute mit einer guten Veranlagung geboren worden, als seien sie von Natur aus ausgeglichen. Aber eine gute Veranlagung ist auch eine Sache der Gewohnheit, das Ergebnis einer kontinuierlichen Bemühung, liebevoll zu sein, geduldig zu sein, freundlich zu sein.

Es spielt keine Rolle, wo wir im Leben sind, wir sind nie zu jung oder zu alt, um anzufangen, uns selbst in guten gedanklichen Gewohnheiten zu trainieren, damit wir unsere Stimmungen und Gefühle unter Kontrolle haben, damit wir friedlich und glücklich mit uns selbst und anderen leben können.

Wie können wir uns die Gewohnheit einer guten Veranlagung aneignen? Wir können genau da, wo wir heute sind, anfangen. Dieses unser Leben ist in Wirklichkeit unser Versuchsgelände, es ist unser Erfahrungsfeld; es ist die Schule, die nie abgeschlossen ist.

Das Wunderbare ist, daß wir in den einfachen alltäglichen Lebensangelegenheiten die größten Ideen praktizieren können, deren wir uns bewußt sind. Wir können in der alltäglichen Routine an spiritueller Statur zunehmen; wir können die Natur Christi anziehen, wenn wir die Kinder für die Schule fertig machen, wenn wir unsere Berichte am Schreibtisch abfassen, wenn wir Kunden aufsuchen, wenn wir über den Gartenzaun hinweg mit einem Nachbarn reden.

Wie? ist die Frage. Die Art und Weise ist leicht festzustellen; aber sie ist nicht so leicht zu befolgen. Der Weg dazu, eine gute Veranlagung zu haben, ist, gute Gedanken zu haben. Einfach, oder nicht? Aber es erfordert Übung und Gebet, nur gute Gedanken zu haben!

Wenn wir unseren Tag damit beginnen, daß wir über eine Vorstellung nachdenken wie „Ich bin dankbar für das Wissen, daß alle Dinge zum Guten zusammenwirken", legen wir den Grundton unseres Denkens für den Tag fest. Wenn dann etwas geschieht, das unsere Pläne ändert, erinnern wir uns daran, daß alle Dinge zum Guten zusammenwirken, wir vertrauen Gott, wir vertrauen unser Leben und unsere Angelegenheiten Gott an. Wir werden den ganzen Tag über von dem sicheren Gefühl getragen, daß alles gut ist, daß Gott uns liebt, daß wir für Gott und für Gottes Welt wichtig sind.

Falls wir in uns selbst Widerstand gegenüber irgendeinem Zustand oder einer Situation aufgebaut haben, dann können wir diesen Widerstand loslassen. Wenn wir über uns und unser Leben nachdenken, können wir sehen, daß in vielen Fällen eben dasjenige, dem wir am meisten Widerstand entgegengesetzt haben, uns den größten Segen gebracht hat. Laßt uns daher zu dem Zustand oder der Situation, die uns zu binden scheinen, sagen: „Hierin liegt irgendein Segen für mich. Ich nehme diesen Segen jetzt an."

Wenn wir uns mit irgendeiner unharmonischen menschlichen Beziehung befassen müssen, dann können wir unsere innere Ablehnung oder unseren Widerstand der Situation gegenüber überwinden, indem wir jeden Beteiligten segnen, eingeschlossen uns selbst. Es hilft uns, uns immer wieder daran zu erinnern, daß Gott in uns und in allen Personen und Situationen gegenwärtig ist und daß man Gott vertrauen kann, daß Er das herbeiführt, was zum höchsten Guten und zum Glück aller Beteiligten ist.

Wahrheitsbejahungen bilden Gewohnheiten aus. Eine Gewohnheit ist das Ergebnis von etwas, was immer wieder wiederholt wird. Es wird uns zur zweiten Natur. Wir alle bewundern Menschen mit Charakter und Würde; wir mögen sie als etwas Besonderes ansehen, als ganz besonders vom Himmel begabt. Aber tatsächlich wird Charakter zum großen Teil von Gewohnheiten bestimmt – Denkgewohnheiten, gewohnheitsmäßigen Reaktionsweisen, Lebensgewohnheiten –, die nicht von Zeit zu Zeit, sondern beständig praktiziert werden, bis der Wunsch zur Realität, das Ideal zur Wirklichkeit, der Schauspieler zur Rolle, die Rolle zum Leben wird.

Wenn wir der Hauptdarsteller in einem Stück wären, würden wir unsere Sätze solange auswendig lernen, bis wir sie vollkommen kennen würden, wir würden dadurch, daß wir den Charakter, den wir darstellten, kennenlernten, zu der betreffenden Rolle *werden*. Shakespeare sagt, das Leben ist eine Bühne und wir alle sind Schauspieler darauf. Manchmal, wenn wir uns nicht liebevoll fühlen, wenn wir von Gefühlen der Abneigung, der Bitterkeit oder des Grolls erfüllt sind, dann kann es sein, daß es uns hilft, ein bißchen zu schauspielern. Shakespeare sagte auch, wir sollten eine Tugend, wenn wir sie nicht hätten, vortäuschen. Es ist besser, liebevoll zu handeln, selbst wenn wir uns nicht liebevoll fühlen. Wenn wir die Seite der Liebe wählen, bleibt die Liebe Sieger, denn Liebe ist stärker als Haß. Wenn wir uns entschließen, wie ein Kind Gottes zu handeln statt wie ein unglückliches, verbittertes Kind der Dunkelheit, dann bleibt das Licht Sieger, denn Licht ist stärker als Dunkelheit. Du kannst nicht wie ein Kind des Lichts, ein Kind der Liebe, ein Kind Gottes handeln, ohne anzufangen, dich wie eines zu fühlen.

Häufig fühlen wir uns 'fehlbesetzt'; wir haben das Gefühl, daß niemand wirklich weiß, wie wir innerlich sind, daß niemand uns wirklich versteht. Das mag stimmen, besonders dann, wenn wir die Gewohnheit ausgebildet haben, negativ zu denken und zu handeln, wenn wir unseren Gefühlen, Stimmungen und Emotionen erlaubt haben, uns und unser Leben zu beherrschen. Wie soll da irgend jemand wissen, wie wir wirklich sind? Andere werden erkennen, wie wir wirklich sind, wenn wir uns bemühen, auf die Weise zu denken, zu reden und zu handeln, die uns innerlich ein richtiges und glückliches Gefühl gibt. Wenn die Gewohnheit falschen Denkens tief verwurzelt ist, dann mag es ein ziemliches Maß an Ausdauer und Anstrengung unsererseits erfordern, uns zu ändern; aber wir können uns ändern. Wir können unsere innerlichen Gedanken ändern, indem wir jeden Tag in kleinen Dingen die Sätze unserer wahren Rolle im Leben einüben. Wir können es üben, gute Dinge zu anderen und über sie zu sagen; wir können es üben, uns als Kinder Gottes anzusehen; wir können es üben, Worte zu bejahen wie *Ich bin liebevoll; ich bin verständnisvoll; ich bin frei*, bis wir anfangen, ihre Bedeutung in unserem Bewußtsein und in unserem Herzen zu fühlen.

Wir können es üben, die Art Mensch zu sein, die wir gerne sein möchten. Und Übung führt immer zu Resultaten. Wie der Musiker entdecken wir, daß wir Fortschritte machen und von der Übung zu einer vollendeten Aufführung gelangen. Wo es zuerst unangenehm oder schwierig für uns zu sein schien, seit langer Zeit festgelegte Gewohnheiten des Denkens, Redens und Handelns zu ändern, da beginnt unsere „wiederholte Vorstellung" zu zählen, das neue Schema beginnt sich durchzusetzen. Es wird leichter für uns, Hüter unserer Stimmungen zu sein; es wird leichter für uns, freudig, friedlich und glücklich mit uns und anderen zu leben.

Du bist hier aufgrund einer göttlichen Verabredung und Bestimmung

Eine Freundin erzählte, daß sie einmal eine Zeit des Zweifelns und der Depression durchmachte. Äußerlich gesehen schien sie alles zu haben – einen guten Ehemann, ein schönes Zuhause, Kinder, die erwachsen waren und glücklich und zufrieden lebten. Aber jeden Tag um ungefähr vier Uhr nachmittags schien ein Gefühl der Einsamkeit und Depression über sie hinwegzufluten. Sie fragte sich dann: „Warum bin ich hier? Was für einen Sinn hat mein Leben?"

Im Leben der meisten von uns kommt eine Zeit, in der etwas in uns nicht mehr allein mit materiellen Dingen zufrieden ist, wenn die Ziele, die wir gesucht, angestrebt und manchmal auch erreicht haben, nicht mehr so wichtig erscheinen. Wir mögen uns fragen: „Warum bin ich hier? Was für einen Sinn hat mein Leben?"

Es ist in Wirklichkeit ein gutes Zeichen, wenn wir an einen solchen Punkt gelangen, wenn wir solche Empfindungen haben, denn es ist ein Anzeichen dafür, daß wir wachsen und daß wir zu größerem spirituellen Verständnis bereit sind, zu einer klareren Erkenntnis der Wahrheit unseres Seins.

Hast du dich je unter dem Gesichtspunkt betrachtet, daß du aufgrund einer göttlichen Verabredung oder Bestimmung (engl.: *appointment*) hier bist?

Wenn wir an das Wort *appointment* denken, dann gibt es zwei Bedeutungen. Die eine: eine Verabredung, eine Begegnung oder ein ausdrücklich ausgemachtes Treffen mit jemandem oder etwas. Die andere: Ernannt werden, irgendein Amt, einen Grad oder eine Verantwortung zugewiesen oder übertragen bekommen.

Wir sind hier, jeder von uns, aufgrund einer göttlichen Verabredung und Bestimmung. Warum genau oder wie wir zu einer bestimmten Stunde, an einem bestimmten Datum, bei bestimmten Eltern auf die Welt gebracht wurden, ist ein Geheimnis, das wir noch nicht verstehen. Aber ich glaube, es ist nicht zufällig, daß wir eine göttliche Verabredung mit dem Leben einhalten, mit der Umwelt, in die wir hineinkommen, mit den Menschen, die ein Teil unseres Lebens sind.

Jesus sagte: *„Ich bin dazu geboren und in die Welt gekommen, daß ich für die Wahrheit zeuge"* (Joh. 18:37).

Auch wir kamen in die Welt, um Gottes Leben auszudrücken, göttliche Eigenschaften zu zeigen, um die Wahrheit zu bezeugen. Wordsworth schrieb:

Nicht in völliger Vergeßlichkeit
Und nicht in äußerster Nacktheit,
Sondern Wolken der Herrlichkeit hinter uns herziehend,
  kommen wir
Von Gott, der unsere Heimat ist.

Wir kommen in die Welt aufgrund einer göttlichen Verabredung und Bestimmung, und ich mag den Gedanken, daß wir „Wolken der Herrlichkeit hinter uns herziehend" kommen. Jesus sagte: *„Und ich habe die Herrlichkeit, die du mir gegeben hast, ihnen gegeben"* (Joh. 17:22).

Wenn wir aufgrund einer göttlichen Bestimmung kommen, um das Leben verabredungsgemäß an unserem eigenen, ganz besonderen Platz zu treffen, zu unserer eigenen, ganz bestimmten Zeit, dann kommen wir auch als Berufene. *„Nicht ihr habt mich erwählt, sondern ich habe euch erwählt und euch [...] bestimmt"* (Joh. 15:16).

Wir sind berufen worden, Gott und Gottes Wahrheit zu vertreten, Kanäle zu sein, durch die Gottes Wille und Werk getan werden.

Jesus sagte: *„Und wie mir mein Vater ein Königreich bestimmt hat, bestimme ich für euch ..."* (Luk. 22:29).

Wo oder was ist das Königreich, das uns bestimmt worden

ist, über das wir herrschen sollen? Das Himmelreich natürlich. Und wo ist das Himmelreich? Um wieder Jesus zu zitieren: *Das Reich Gottes ist in eurer Mitte.*

Aufgrund göttlicher Bestimmung sind wir hier; aufgrund göttlicher Verabredung erfüllen wir unsere Bestimmung als Kinder Gottes.

Wenn wir diese Vorstellung aufgreifen, daß wir aufgrund einer göttlichen Bestimmung und Verabredung hier sind, hat sie ihre Auswirkung auf jeden Bereich unseres Lebens und Denkens. Wir fragen uns nicht, warum wir hier sind, wir wissen, daß wir aufgrund göttlicher Bestimmung hier sind. Wir fragen uns nicht, was unser Lebenssinn ist. Wir wissen, daß er darin besteht, Gott aufzuzeigen, unsere Gedanken und Gefühle zu vergeistigen, die Christusprinzipien in unserem täglichen Leben zu praktizieren, das Himmelreich zu einer Realität in unserem Bewußtsein und in unserem äußeren Leben zu machen.

Wenn wir diese Vorstellung, aufgrund einer göttlichen Bestimmung hier zu sein, in unser Denken aufnehmen, verändert das unsere Einstellung gegenüber den Ereignissen in unserem Leben; wir sehen Situationen und Umstände in einem neuen Licht.

Erscheint irgendeine Situation schwierig? Wir sind aufgrund einer göttlichen Verabredung hier, und die Situation ist eine göttliche Verabredung, die wir einhalten. Indem wir der Situation mit Glauben, Mut und Klugheit begegnen, beweisen wir einmal mehr die Macht von Gottes Geist in uns; wir beweisen einmal mehr, daß nichts in der äußeren Welt größer ist als die Macht Gottes in uns. ... *denn der in euch ist größer als der in der Welt* (I. Joh. 4:4).

Erscheint irgendeine menschliche Beziehung unharmonisch, scheint es ihr an Liebe und Verständnis zu mangeln? Wir sind hier aufgrund göttlicher Bestimmung. Wir sind ein Teil dieser Beziehung, um der Situation Frieden zu bringen, um Gottes Liebe zum Ausdruck zu bringen, um den Christus in anderen zu sehen, um anderen zu helfen, den Christus in sich zu finden.

Falls wir uns durch Unterbrechungen gestört fühlen, wenn wir gerade versuchen, irgendein Vorhaben zum Abschluß zu bringen – durch das Klopfen an der Tür, den Telefonanruf, das Sichstreiten der Kinder –, dann sind wir aufgrund göttlicher Bestimmung da, und wir können Unterbrechungen und Ablenkungen als göttliche Verabredungen betrachten. Wir können sie unter dem Aspekt sehen, daß sie uns nicht aufhalten, sondern daß sie uns die Gelegenheit geben zu beweisen, daß wir nicht von Kleinigkeiten gestört werden, daß wir größer sind als kleinliche Ärgernisse. Unterbrechungen als göttliche Verabredungen zu betrachten, kann uns helfen, unsere Projekte mit neuer Begeisterung und neuem Interesse wieder aufzugreifen, vielleicht auch mit neuem Schwung. Wir mögen sogar feststellen, daß die Ablenkung sich als ein Segen herausgestellt hat, insofern als wir von irgendeiner neuen Idee inspiriert worden sind.

Sind wir von jemandem oder etwas enttäuscht? Ist eine Beziehung schal geworden, – hat jemand unser Vertrauen mißbraucht? Auch dies kann eine göttliche Bestimmung sein. Wir sind zu der herausfordernden Aufgabe bestimmt worden, uns über persönliche Gefühle zu erheben, zu der herausfordernden Aufgabe, zu erkennen, daß wir all-liebend, allvergebend sind, weil wir Gottes liebevollen Geist in uns haben. Wir sind hier aufgrund göttlicher Bestimmung, und wir sind göttlich berufen worden. Da wir dies wissen, bleiben wir beständig, wir wissen, daß in den Erfahrungen unseres Lebens und durch diese Erfahrungen ein liebevolles Gesetz des Guten am Werk ist, das das, was uns zukommt, zu uns hinzieht, das uns neue Wege der Freude und des Glücks offenbart.

Wenn wir uns jeden Tag Zeit nehmen, sei es auch nur für einen Augenblick oder zwei, einen stillen Ort aufzusuchen und zu beten, dann halten wir eine göttliche Verabredung ein. Wenn wir unsere Gebetszeit als eine göttliche Verabredung betrachten, dann denken wir nie, daß wir keine Zeit zu beten hätten, daß andere Dinge wichtiger seien. Wir halten unsere göttliche Verabredung mit Gott im Gebet ein, und unsere Zeit des Gebets wird zu einer Zeit der Freude, einer Zeit der Inspiration, einer Zeit des

Einfließens von Gottes Geist. Sie wird zu einer Zeit, in der wir zu Gott sprechen, und zu einer Zeit des Zuhörens. Wenn wir im Gebet zuhören, hören wir Gott sagen: „Ich habe dich erwählt. Du bist mein geliebtes Kind, an dem ich Wohlgefallen habe. Ich habe dir ein Königreich bestimmt. Tritt ein in das Königreich der Freude, der Gesundheit, des Friedens, des Lichts, der Fülle, der Liebe."

Du kannst einem anderen helfen

„Was kann ich für dich tun?" Ich entdeckte, daß ich mir diese Frage stellte, als alle meine Bemühungen, jemandem zu helfen, der sich an mich gewandt hatte, nichts einzubringen schienen. Ich fragte mich, ob ich dieser Person überhaupt irgendeine Hilfe wäre.

Zuerst schien es so einfach, so simpel. Alles, was diese Freundin brauchte – so dachte ich –, war die richtige Idee. Alles, was sie nötig hatte, war, an die Wahrheit erinnert zu werden, gesagt zu bekommen, daß Gott sie liebt, daß Gott die Sorge trägt. Ich wußte, daß ich ihr dadurch helfen konnte, daß ich an sie glaubte und sie meines Glaubens und meiner Gebete versicherte.

Aber ein aufs andere Mal hörte ich zu, wie sie ihre Gefühle des Unglücklichseins, der Verzweiflung, der Selbstverachtung, der Bitterkeit über die Vergangenheit, der Furcht vor dem, was vor ihr lag, ausschüttete.

Sie erzählte mir immer, wie sie versuchte zu beten, Wahrheitsbejahungen vorzunehmen, und ich wußte, sie versuchte es. Aber ich begann mich zu fragen, was meine Rolle dabei war.

Ich erkannte, daß wir manchmal, wenn wir versuchen, einem anderen Menschen zu helfen, dahin gelangen, diesen Menschen letzten Endes von uns abhängig zu machen. Er bekommt nicht unbedingt Hilfe von uns, aber er erhält Befriedigung dadurch, daß jemand ihm ohne Kritik zuhört, jemand, auf den er seine aufgestauten Gefühle von Furcht, angespannter Sorge, Unglücklichsein und Frustration abladen kann.

Ich erkannte auch, daß es immer die Möglichkeit gibt, daß wir auf unsere eigene Weise von dem Menschen abhängig werden, der sich immer wieder um Hilfe an uns wendet. Wir mögen unbewußt eine Elternrolle übernehmen und uns verantwortlich für ihn fühlen; wir mögen sogar das Gefühl haben, er könne nicht ohne uns auskommen.

Ich bin sicher, daß die meisten Menschen in ihrer Erfahrung jemanden gehabt haben, dem sie anfänglich helfen wollten, nur um an den Punkt zu gelangen, wo sie erkannten, daß der andere ihre Hilfe in Wirklichkeit gar nicht wollte, ganz bestimmt jedoch nicht ihren Rat. Was gewünscht wurde, war ein schweigender Zuhörer, jemand, der ein mitfühlendes Ohr lieh. Es existierte ein Bedürfnis danach, zeitweilig aufgemuntert und moralisch unterstützt zu werden.

Wie helfen wir einem anderen? Was können wir für einen anderen tun? Ist es genug, ihm zuzuhören? Ist Mitgefühl genug? Von einiger Hilfe vielleicht, aber anscheinend nicht genug.

Aber wenn das nicht genug ist, sollen wir dann versuchen, weniger objektiv zu sein? Sollten wir der Versuchung folgen, Ratschläge zu erteilen? Wenn wir das tun, dann sollten wir nicht entmutigt sein, wenn unser Rat ignoriert wird, wie es für gewöhnlich sein wird. Wir sollten uns nicht aufregen, wenn unsere Versuche, einen besseren Weg aufzuzeigen, zu Tränen und zu dem Vorwurf führen: „Du verstehst einfach nicht!"

Wir wissen, daß es einem anderen nicht helfen kann, wenn man ihn kritisiert und ungeduldig mit ihm ist, und nur zusätzlich dazu beiträgt, daß er sich elend fühlt.

Daher lautet die Frage: „Was kann ich für dich tun?"

Und die Antwort muß lauten, daß wir, so sehr wir auch versuchen mögen, einem anderen zu helfen, so sehr wir uns auch danach sehnen mögen, ihn frei von Problemen zu sehen, doch sein Leben nicht für ihn führen können, daß wir für ihn nicht tun können, was er selbst tun muß.

Was kann ich für dich tun?

Was ich für dich tun kann, ist etwas, das über bloßes Zuhören hinausgeht, so hilfreich das auch von Zeit zu Zeit sein mag. Was ich für dich tun kann, ist, für dich auf die höchste Weise zu beten, die ich kenne, das heißt, den Christus in dir wahrzunehmen. Wenn ich den Christus in dir wahrnehme, nehme ich das wahr, was in dir angeborenerweise gut und wunderbar ist. Auf einer persönlichen Ebene mag ich alle möglichen Dinge in dir sehen, die Veränderung nötig machen – in deiner Denkweise, in der Art und Weise, wie du mit anderen umgehst, in der Art, wie du dem Leben begegnest. Wenn ich den Christus in dir wahrnehme, sehe ich nichts, was zu ändern wäre. Ich sehe den sich nicht ändernden Geist. Wenn ich den Christus in dir wahrnehme, weiß ich, daß du meine Hilfe oder meinen Ratschlag nicht brauchst, denn ich weiß, daß du das in dir hast, was dein eigenes sicheres Licht und deine Führung ist. Ich helfe dir dadurch am meisten, daß ich mich hieran erinnere und indem ich getreulich an meiner Vision des Christus in dir festhalte.

Es ist leichter, einen anderen Menschen einfach als schwierig, als negativ, als egoistisch abzuschreiben, als den Christus in ihm wahrzunehmen. Aber es ist eine befreiende Erfahrung, an diesem Gebet der Gebete für einen anderen festzuhalten: *Ich sehe den Christus in dir.* Das bedeutet wirklich, einen anderen Menschen zu lieben. Das, glaube ich, ist die Art und Weise, wie Jesus denjenigen half, die sich an ihn wandten. Er sagte: *„Daran wird jedermann erkennen, daß ihr meine Jünger seid, wenn ihr Liebe untereinander habt"* (Joh. 13:35).

Vielleicht brauchen diejenigen, denen wir am meisten zu helfen versuchen, diejenigen, um die wir uns die meisten Sorgen machen, nur unsere Liebe!

Was kann ich für dich tun? Ich kann dich mit der Christusliebe lieben. Ich kann dich mit einer Liebe lieben, die dich akzeptiert, wie du bist, die dich für das liebt, was du bist, denn wenn ich den Christus in dir wahrnehme, habe ich jeden Grund, dich zu lieben.

Was kann ich für dich tun? Ich kann den Christus in dir wahrnehmen. Ich kann dich von jeder Fessel von meiner Seite befreien, von jedem Versuch meinerseits, dich zu ändern. Ich kann Gott Sein Werk in dir tun lassen.

Was kann ich für dich tun? Ich kann dich lieben, wie Gott dich liebt. Das ist die größte Hilfe, die ich dir anbieten kann. Das ist mein effektivstes Gebet für dich.

Bete für andere

Wenn du für einen anderen betest, machst du ihm das größte Geschenk, das du zu geben hast. Und das Wunderbare daran, für jemand anderen zu beten, ist, daß du nicht für einen anderen beten kannst, ohne den Segen und die gute Wirkung deiner Gebete auf ihn in deinem eignen Herzen, Bewußtsein und Leben zu verspüren.

Betest du um die Gesundheit, den Wohlstand, das Glück, den Trost, die Freiheit, die Führung von jemand anderem? Die folgenden Meditationen können als Richtlinien für dich dienen:

Für einen, der Heilung braucht
Du bist nach dem Bild und Gleichnis Gottes geschaffen. Leben und Gesundheit durchströmen jeden Teil deines Seins. Vitale Energie ist in jeder Zelle. Ordnung segnet jede Funktion deines Körpers. Der Atem des Gott-Lebens ist der Atem deines Lebens.

Wann immer ich an dich denke, sehe ich dich als ganz und vollkommen. Ich danke dafür, daß Erscheinungen aus Gottes Sicht nicht die Wahrheit sind. Ich habe den Glauben, daß bei Gott alle Dinge möglich sind. Ich weiß, daß du ein spirituelles Wesen bist, daß dein Leben „bei Christus in Gott verborgen ist", daß du in Gott lebst, webst und dein Sein hast. Ich weiß, daß Gott dich jetzt heilt.

Für einen, der Wohlstand braucht
Was immer dein Bedürfnis ist, Gott ist die Quelle. Ich weiß, daß dir deine Versorgung jetzt zugänglich ist. Ich sehe dich dein Gutes annehmen. Ich sehe deine Angelegenheiten zum Überfluß von all dem Guten gesegnet, das Gott für dich hat.

Es gibt Versorgung für dich; es gibt Arbeit für dich; es gibt für dich einen richtigen Ort zum Leben. Während ich für dich bete, sehe ich dich so, wie Gott dich sieht – reich, gesegnet, erfolgreich.

Für einen, der Glück braucht
Ich bete für dich, daß du auf jede Weise gesegnet wirst, die für dich Glück bedeutet. Ich kann die Wünsche deines Herzens nicht kennen, aber ich weiß, daß Glück und Freude Gottes Wille für dich sind. Daher bejahe ich jetzt, daß Gott in deinem Leben als reine Freude, als strahlendes Glück hervortritt. Ich danke dafür, daß die Ereignisse deines Lebens sich auf Arten und Weisen gestalten, die zu deinem Guten und zu deinem Segen sind.

Ich danke dafür, daß die Liebe Gottes in deinem Herzen ist und daß diese Liebe die Macht hat, das, was dein eigen ist, zu dir hinzuziehen. Ich sehe dich die Liebe Gottes ausdrücken. Ich sehe dich von der Liebe Gottes leuchten. Ich sehe dich glücklich, frei, herrlich.

Für einen, der Trost braucht
Es gibt in deinem Herzen einen Heiligen Tröster. Du wirst aus Traurigkeit und Kummer herausgehoben und mit neuem Licht und Verständnis erfüllt. Ich sehe dich von dem Frieden erfüllt, der höher ist als alle Vernunft. Ich sehe dich in deinem Willen, im Leben weiterzugehen, gestärkt und gekräftigt. Ich sehe dich mit neuem Glauben belebt und in Bewußtsein und Körper erneuert.

Ich sende dir meine Liebe. Ich sende dir meine Gebete. Ich bejahe das Einssein, die Einheit allen Lebens. Ich sehe dich umfangen vom ewigen Leben Gottes, getragen und getröstet.

Für einen, der Freiheit braucht
Du hast einen Geist in dir, der von allen Fesseln frei und ungebunden ist. Dieser Geist in dir kennt keine Begrenzungen, ist nicht von Furcht, von Gefühlen der Wertlosigkeit, von destruktiven Gewohnheiten gebunden. Ich sehe dich als frei, als das vollkommene Kind Gottes.

All die Sehnsüchte deiner Seele finden vollkommene Erfüllung in Gott, dem Geist, der dir innewohnt. Die Vergangenheit verfolgt dich nicht länger. Deine Gefühle verfolgen dich nicht länger. Du bist frei! Das Selbst von dir, das Gott geschaffen hat, ist dein wahres Selbst. Es steht unbesiegt und uneingeschüchtert da.

Für einen, der Führung braucht
Der Geist Gottes ist wie ein Kompaß in deinem Herzen. Ich weiß, daß dieser Geist dir beständig die richtige Richtung weist. Mein Gebet für dich ist, daß du für die göttliche Führung, die von innen zu dir gelangt, empfänglich sein mögest.

Bei jeder Entscheidung ist Gott mit dir, dein Licht, dein Weg-Weiser. In jeder Not ist Er da, deine Kraft, deine Weisheit, deine Fähigkeit, ohne Zögern zu handeln, in die Richtung deines höchsten Guten zu gehen.

Wenn ich für dich bete, danke ich dafür, daß alle Dinge zu deinem Guten zusammenwirken. Ich danke dafür, daß in dir ein Geist ist, der dir Schritt für Schritt den Weg offenbart, der für dich lohnend ist.

Begegne Veränderung
mit Mut und Optimismus

Wir sagen bewundernd über jemanden: „Er ändert sich nie!"

Wir sagen über jemand anderen, vielleicht ganz verzweifelt: „Wenn er sich nur ändern würde!"

Was ist der Unterschied?

Es gibt einige Leute, die unbeugsam, unnachgiebig sind, die sich nicht ändern wollen, die in ihren Verhaltensweisen festgelegt sind. Jede neue Vorstellung, jede neue Weise, etwas zu tun, wird mit Argwohn und Mißtrauen betrachtet.

Es gibt andere, die sich vielleicht gern ändern, gern anders sein würden, die aber denken, es sei zu spät, sich zu ändern. Sie sagen sich und anderen: „Ich bin schon immer so gewesen." Ich war einmal bei einer Freundin, die dazu neigte, sich über Kleinigkeiten aufzuregen und ungeduldig zu werden. Ihre Enkelin sagte zu ihr: „Oma, du mußt Geduld haben." Die Antwort lautete: „Aber du weißt doch, daß ich noch nie geduldig gewesen bin!"

Da sind diejenigen, die mit sich und ihrem Leben glücklich und zufrieden sind, die es nicht gern haben, wenn gewohnte Abläufe durchbrochen werden, die Veränderung als einen Eindringling ansehen. Ein Mann sagte, er könnte es ebensogut sein lassen, zur Kirche zu gehen, weil der Geistliche jeden Sonntag dasselbe sagte. Er sprach immer über die Notwendigkeit, sich zu verändern. Dieser Mann sagte: „Ich möchte mich nicht ändern. Ich mag mein Leben so, wie es ist. Ich bin vollkommen glücklich und zufrieden, wenn die Dinge genauso bleiben, wie sie sind."

Veränderung (engl.: *change*) kommt von einem lateinischen Wort, das „austauschen" bedeutet. Also ist Veränderung nicht der Verlust einer Sache, sondern das Eintauschen von etwas, und gewöhnlich der Austausch gegen etwas Besseres. Ich glaube, daß wir uns Veränderungen widersetzen, weil wir Angst haben, daß wir etwas verlieren, das für uns mit der Zeit zu einem Zeichen von Sicherheit und Wohlbefinden geworden ist.

Etwas zu *ändern* bedeutet, es *anders* zu machen, es zu verwandeln, einer Sache eine andere Richtung oder einen anderen Verlauf zu geben. Wir mögen Veränderung fürchten, aber wir alle würden es gerne sehen, wenn Zustände sich zum Besseren ändern; wir würden gerne eine Verwandlung stattfinden sehen, die das Leben reicher, glücklicher, sinnvoller machen würde.

Veränderung ist ein Teil des Lebens. Wir akzeptieren das; wir wissen, daß sich alle Dinge ändern. Aber wenn wir tatsächlich mit einer Veränderung konfrontiert werden, mögen wir feststellen, daß wir der Veränderung furchtsam und voller Widerstand gegenüberstehen.

Sogar eine Veränderung, um die wir gebetet haben, mag uns Angst machen, wenn wir uns ihr tatsächlich gegenübersehen. Vielleicht haben wir uns nach einer anderen Lebensweise gesehnt; vielleicht haben wir uns eine andere Art von Arbeit gewünscht; vielleicht haben wir uns gewünscht, wir könnten unsere Umgebung ändern. Aber etwas in uns mag den Rückwärtsgang einschlagen, wenn die Veränderung kommt; wir mögen das Gefühl haben, wir seien nicht auf die Veränderung vorbereitet; wir mögen uns fragen, ob wir in der Lage sein werden, mit der neuen Herausforderung fertig zu werden.

Menschen gehen durch alle möglichen Veränderungen – Veränderung des Arbeitsplatzes, eine Veränderung des Wohnortes. Heirat ist eine Veränderung, Scheidung ist eine Veränderung, Pensionierung ist eine Veränderung.

Paradoxerweise ist, was wir beim Umgang mit Veränderung am meisten brauchen, ein sich nicht ändernder Geist. Äußere Veränderungen flößen uns keine Angst ein, versetzen uns nicht in Unruhe, wenn wir in unserem Glauben an die zugrundeliegende Güte Gottes zentriert sind, die in und durch uns und in allen und durch alle Angelegenheiten unseres Lebens wirkt.

Wenn wir von jemandem bewundernd sagen: „Er ändert sich

nie", dann meinen wir damit nicht, daß er nie seine Meinung ändert; wir meinen nicht, daß er niemals Veränderungen in seinem Leben vornimmt. Wir meinen, daß er beständig bleibt in seiner Haltung des Glaubens und des Muts.

Wiederum paradoxerweise sind wir, je mehr wir uns ändern und spirituell wachsen, je mehr wir innere Ausgeglichenheit erreichen, in allen Lagen desto besser fähig, gelassen und heiter, zuversichtlich und furchtlos zu sein.

Gewiß, wir leben in einer sich ändernden Welt – Maßstäbe scheinen sich zu ändern, Ansichten ändern sich, Einstellungen ändern sich. Aber wir leben auch in einer Welt, die sich nicht ändert, Gottes Welt, der spirituellen Welt.

Die Liebe versagt nie.

Die Güte Gottes versagt nie.

Die Wahrheit ist unwandelbar und ewig.

Die Eigenschaften der Liebe und Vergebung, der Freude und des Verständnisses – diese sind sich nicht ändernde Eigenschaften.

Unser Verständnis unserer selbst als spiritueller Wesen, die in einer spirituellen Welt leben, beherrscht von spirituellen Vorstellungen, bewahrt uns innerlich stabil und heiter und befähigt uns, glücklich in der Welt zu leben, unbeirrt von äußeren Veränderungen. Unser Glaube ist in Gott verankert. Der sich nicht ändernde Geist der Wahrheit in uns befähigt uns, flexibel, elastisch, offen und belehrbar zu bleiben.

Wir leben furchtlos, wir begegnen Veränderung mit Mut und Optimismus, denn wir wissen, daß die Liebe Gottes uns und unsere Welt trägt. Wir haben den Glauben zu wissen, daß alle Dinge zum Guten zusammenwirken, für uns und für unsere Lieben.

Du kannst neu anfangen

Du kannst neu anfangen! Das ist etwas, was wir alle glauben möchten, was wir zu glauben nötig haben. Und tief in uns ist es etwas, was wir instinktiv glauben. Es gibt etwas in uns, das selbst in der dunkelsten Nacht dem Morgen entgegensieht.

Aber so sehr wir glauben möchten, daß wir neu anfangen können, manchmal hören wir unseren eigenen Ängsten und Zweifeln zu oder wir hören den Stimmen des Zynismus und Pessimismus zu, die uns glauben machen möchten, es habe keinen Sinn, es zu versuchen.

Manchmal sagt jemand: „Es ist zu spät, um neu anzufangen. Ich bin zu alt." Es ist nicht zu spät, wenn wir uns weigern, anzunehmen, es sei so; wir sind nicht zu alt, wenn wir uns weigern zu denken, wir seien es. Dies ist der Punkt, wo der Neuanfang beginnt – in unseren Gedanken.

Daß es nie zu spät ist, neu anzufangen, daß niemand jemals zu alt ist, ist immer wieder von Menschen bewiesen worden, die den Mut und die Klugheit hatten, solche Gedanken von sich zu weisen.

Das Leben durchläuft viele Stadien und Phasen. Zustände und Umstände ändern sich beständig. Wir mögen diesen Veränderungen Widerstand entgegensetzen und uns bedroht fühlen, weil gewohnte Lebensweisen nicht länger möglich sind. Wir mögen das Gefühl haben, wir möchten nicht neu anfangen; wir möchten, daß die Dinge so bleiben, wie sie gewesen sind.

Aber – oft überraschend – nachdem wir gezwungen worden sind, uns irgendeiner Veränderung zu stellen, kommen wir an den Punkt, von dem aus wir zurückblicken und tatsächlich dankbar dafür sein können. Wir mögen uns sogar fragen, warum wir es so schwer fanden, der Veränderung zu begegnen, die für uns neue Segnungen im Gefolge hatte.

Neu anzufangen bedeutet auch, es auf eine bessere Weise wieder zu versuchen. Wir fangen neu an, wenn wir negative Gedanken und Gefühle über uns, über andere, über das Leben loslassen.

Du kannst neu anfangen. Vergiß das nie. Ist es das Ende einer Ehe? Du kannst wie der Freund sein, der sagte: „Ich habe gerade nach dreißig Ehejahren eine Scheidung durchgemacht. Ich konnte die Situation nicht akzeptieren, bis ich mich entschloß, mir selbst zu helfen, und dann begann es zu geschehen. Der Herr hat mich unaussprechlich gesegnet. Ich bin durch die Dunkelheit zum Licht gekommen." Eine Freundin, die das Gefühl hatte, sie wäre am Ende ihres Lebens und ihrer Ehe, sagte, ihre Gebete wurden beantwortet, als sie um Licht betete. Sie sagte, daß sich ihr Leben und ihre Lebensumstände nicht änderten, aber daß Gott ihr eine völlig andere Sichtweise gab und daß sie kontinuierlich weitermacht. Sie stellt fest, daß sie Gefühle der Enttäuschung über Menschen und Ereignisse, an denen sie nichts ändern kann, loslassen und einfach den Christus in ihnen sehen kann.

Manchmal stellt jemand fest, daß er eine Zeit der Depression durchmacht. Das war der Fall bei einer Freundin, die sagte, daß sie in einem Zustand der Niedergeschlagenheit und in einem Gefühl des Selbstmitleids den Entschluß faßte, zu versuchen, sich daraus zu erheben, indem sie für ihre Segnungen dankte. Sie betete auch um Verständnis und einen erneuerten Geist. Sie sagte, daß es, während sie betete, war, als ob Gott zu ihr sagte: „Sei ein 'Tuer', kein 'Tu-es-nicht'." Sie sagte, daß sie hierüber nachdachte und sehen konnte, daß sie positiver in ihren Gedanken und Handlungen sein mußte.

Manchmal sagt jemand: „Wenn ich nur die Wahrheit eher hätte finden können, wäre mein Leben anders gewesen." Statt zu bedauern, daß du die Wahrheit nicht eher gefunden hast, ist es viel wichtiger, daß du deine Gedanken, dein Herz und dein Bewußtsein daran gibst, die Wahrheit jetzt zu leben und auszudrücken.

Wir können neu anfangen. Wo fangen wir an? Genau da, wo wir sind. Wir sind immer an einem Punkt des Neubeginnens.

„So will ich euch gutmachen die Jahre, da die Heuschrecke fraß" (Joel 2:25).

Das Alte ist vergangen, siehe, es ist neu geworden (II. Kor. 5:17). Das Alte wird insofern neu, daß wir in der Lage sind, die Vergangenheit in einem neuen Licht zu sehen. Alles, was vorhergegangen ist, wird Teil unserer seelischen Entwicklung. Wir können dankbar für alles sein, was wir gelernt und gewonnen haben, und wir können wissen, daß wir nicht durch die Begrenzungen und Fehler der Vergangenheit gebunden sind. Sie liegen hinter uns. Wir können sie loslassen. Wir können neu anfangen.

Wir alle haben schon Zeiten des Neubeginnens gehabt. Wir haben alle schon andere Menschen gekannt, die die Richtung ihres Lebens vom Negativen zum Positiven, vom Tod zum Leben, von Krankheit zu Gesundheit, von Armut zu Erfolg änderten.

Fang neu an! Die Hoffnung des Herzens, der Traum der Seele. Falls wir uns jemals ruhelos und unzufrieden mit uns und unserem Leben fühlen, ist es wahrscheinlich deshalb, weil wir bereit sind für eine Veränderung.

Wir können neu anfangen, denn wir sind spirituelle Wesen, und die Kraft, Liebe und Stärke Gottes sind mächtig in uns.

Sage zu dir selbst: „Ich kann neu anfangen." Danke jetzt dafür, daß Gottes Geist in dir dir den Willen, die Weisheit, die Kraft und die Fähigkeit gibt, alles zu tun und zu sein, was du von Herzen gern tun und sein möchtest.

Wünschst du dir, daß dein Leben anders sein könnte? Fürchte dich nicht! Es kann anders sein. Möchtest du geheilt werden, stark, vital, lebendig, gesund sein? Fürchte dich nicht! Du kannst es. Sehnst du dich danach, gebraucht zu werden, erfolgreich in deiner Arbeit und in deinem Leben zu sein? Fürchte dich nicht! Du kannst es. Fürchte dich nicht! Du kannst neu anfangen!

Mach das Beste daraus

„Wir müssen eben einfach das Beste daraus machen." Wie oft, in bezug auf wie viele Dinge haben wir das schon gesagt? Manchmal mögen wir es in einer Haltung der Resignation gesagt haben. Manchmal mögen wir es gesagt haben, weil es nichts anderes zu geben schien, was wir tun konnten. Manchmal mögen wir es gesagt haben, um Mut zur Schau zu tragen, damit andere, die vielleicht auch in Mitleidenschaft gezogen waren, trotz Rückschlägen oder scheinbaren Verlustes oder Versagens ermutigt würden. Aber wenn wir wirklich darüber nachdenken, was wir da sagen, wenn wir sagen: „Wir müssen eben einfach das Beste daraus machen", dann sehen wir, daß es in Wirklichkeit eine Glaubensbejahung ist.

Das Beste aus einer schlechten Situation zu machen heißt, etwas Wertvolles in ihr zu finden. Es heißt, bereit zu sein zu tun, was wir können, um die Dinge in Ordnung zu bringen. Es heißt, sich zu weigern, Entmutigung oder Verzweiflung nachzugeben. Es heißt, die Fehler der Vergangenheit loszulassen, zu erkennen, daß wir nicht an sie gebunden sind. Es heißt im Grunde genommen, neu anzufangen.

Manchmal werden wir dazu aufgefordert, das Beste aus irgendeiner Situation zu machen, die eine traumatische ist, eine, die allen Mut, alle Kraft und allen Glauben verlangt, die wir besitzen. Manchmal ist es nötig, daß wir das Beste aus etwas machen, was in Wirklichkeit nur eine unbedeutende Angelegenheit ist, aber eine, die uns, wenn wir sie lassen, in Unruhe versetzen und uns unglücklich und ungeduldig mit uns und mit anderen machen kann.

Die Welt ist reicher wegen jener Menschen, die das Beste aus irgendeiner schlechten Situation oder Erfahrung gemacht haben. Wir werden ständig durch die bemerkenswerten Bemühungen aller möglichen Leute in allen möglichen Situationen beeindruckt, weiterzumachen, ihr Leben neu zu gestalten. H. Emilie Cady sagt, daß es als große Offenbarung zu ihr kam, daß ihre Hände Gottes Hände wären, daß die Hände der ganzen Menschheit Gottes Hände sind. Sie sagt, daß sie ihre Hände ausstreckte und sie ansah und dachte: „Dies sind Gottes Hände!"

Wir machen das Beste daraus, wenn wir erkennen, daß Gott durch uns wirkt, daß unsere Hände Gottes Hände sind, durch die Gott arbeitet, durch die Gott gibt.

Jedes unserer Gebete bringt uns in Einklang mit Gott und hilft uns, unser Einssein mit Gottes Gegenwart und Macht zu erkennen. Jeder positive Gedanke ist ein Weg, das Beste daraus zu machen. Jedesmal, wenn wir uns weigern, Furcht und negativem Denken nachzugeben, machen wir das Beste daraus.

Manche Menschen haben buchstäblich ihr Leben dadurch geändert, daß sie ihr Denken veränderten, dadurch, daß sie sich entschlossen, das Beste daraus zu machen, statt ihr Los zu beklagen. Wie der Verlorene Sohn kamen sie zu sich und erinnerten sich an ihr göttliches Erbe als Kinder Gottes.

Wenn du etwas bewältigen mußt, das über deine Kraft zu gehen scheint, dann suche Halt in deinem Glauben und stütze dich auf ihn, mach das Beste daraus. Erkenne, daß Gottes Kraft in dir mächtig ist und daß du durch Seine Macht allen Dingen begegnen kannst. Es spielt keine Rolle, wie die äußeren Zeichen sind, Gott ist in der Situation, Gutes ist in der Situation. Fürchte dich nicht, du kannst das Beste daraus machen, denn Gott hat dich zum Besten gemacht und hat nur das Beste für dich bestimmt.

Der Geist Gottes in dir

In allen Menschen, allen Dingen regt sich der Geist, welcher Gott ist.

„Ehe Abraham war, bin ich" (Joh. 8:58). Jenseits der Sprache, jenseits des Denkens, jenseits des Sichtbaren ist diese lebendige Gegenwart, dieses Licht, das auf immer brennt, diese Macht, die das Leben ist, die Gott ist.

... das Geheimnis, das verborgen war, seitdem es Weltzeiten und seitdem es Geschlechter gibt ... Christus in euch, die Hoffnung auf die Herrlichkeit (Kol. 1:26, 27).

„Ich bin die Auferstehung und das Leben" (Joh. 11:25). Jesus sprach vom Göttlichen. Er sprach die universelle Sprache, die alle verstanden.

„Ich und der Vater sind eins" (Joh. 10:30).

„[Glaubet,] daß der Vater in mir ist und ich im Vater" (Joh. 10:38). Dies ist die ewige Einheit. Dies ist die ewige Wahrheit.

Angesichts des Ewigen erscheinen viele der Dinge, die unsere Tage beunruhigen, trivial und unwichtig. Wir vergessen viele unserer Erfahrungen, aber wir sind stets der Wahrheit eingedenk, die wir lernen.

„Ist nicht das Leben mehr als die Speise und der Leib mehr als die Kleidung?" (Matt. 6:25) Nahrung, Kleidung und Obdach sind wesentlich für uns alle, aber die Freude am Leben entspringt nicht aus ihnen. Die Freude am Leben steigt in uns auf, wenn wir uns Gottes in uns bewußt sind, wenn wir das Göttliche in Denken und Fühlen berühren, wenn wir uns als Kinder Gottes sehen, als lebendige Seelen, die in alle Ewigkeit ihren Weg auf die Entfaltung des vollkommenen Selbst zu machen.

Wir sitzen in einem Raum, von vier Wänden umgeben, aber der Geist in uns verspürt keine Wände. Wir hören dem Ticken einer Uhr zu, aber der Geist in uns kennt keine Zeit. Wir feiern einen Geburtstag, aber der Geist in uns kennt kein Alter. Wir machen eine Krankheit durch, aber der Geist in uns kennt keinen Schmerz.

Es gibt nicht einerseits den Geist und andererseits uns; es gibt in Wirklichkeit nur Geist. Wir haben eine Trennung eingeführt, wo es keine Trennung gibt. Wir haben in unserem Bewußtsein einen Gott außerhalb unserer selbst geschaffen, wobei doch die ganze Zeit Gott aus den Tiefen unseres eigenen Wesens zu uns spricht. Wir haben versucht, heil und heilig zu werden, wo wir doch bereits geheiligt sind, wo wir doch schon nach dem Bild und Gleichnis Gottes geschaffen sind. Wir haben Gott in Kirchen gesucht und Gott dort gefunden, weil es keinen Ort gibt, an dem Gott nicht ist; weil, wo immer wir sind, Gott ist.

Wir haben Gott angerufen, uns zu helfen, und gedacht, daß Gott von irgendwoher aus Gottes Himmeln antwortete, dabei nicht erkennend, wie nahe die Himmel sind – so nahe wie der Ruf unserer Seele, bevor unsere Lippen auch nur jemals Zeit haben, die Worte eines Gebets zu formen.

Wir haben uns einige wenige Menschen als Heilige vorgestellt, während doch selbst der Geringste auf der Straße vom Geist Gottes im Innern erfüllt ist.

Gott ist in allen und durch alles. Wenn du die Gegenwart Gottes fühlst, scheinen alle Dinge Gottes Herrlichkeit laut herauszurufen. Es ist, als hättest du nach einer Blindheit das Sehvermögen zurückgewonnen. Wie der Mann, den Jesus heilte, sagst du: *Während ich blind war, sehe ich jetzt.*

Während du besorgt und ängstlich für dich und deine Angelegenheiten warst, fühlst du jetzt große Ruhe und Vertrauen in den ewigen Gott, der in dir ist, der in allem ist. Du kannst sagen: „Auch dies wird vergehen", nicht mit einem Gefühl der Resignation und des Sichabfindens mit dem Unglücklichsein, sondern mit einem Gefühl innerer Gelassenheit, das sich einstellt, wenn du weißt, daß der Geist größer ist als Erfahrungen, daß nur der Geist ewig ist und unberührt von den Dingen, die von einem menschlichen Standpunkt aus unerträglich erscheinen.

Wenn du weißt, daß du Geist bist, hast du keine Angst, denn

du weißt, daß nichts dich verletzen oder beschädigen oder den unzerstörbaren Geist in dir vernichten kann.

Du hast keine Angst vor dem Leben oder dem Tod, denn du weißt, daß, komme was kommen mag, der Geist in dir unwandelbar, endlos, furchtlos ist.

Gott hat dich als dich geschaffen

Gott hat dich als *dich* geschaffen, und Gott macht keine Fehler. Du bist eine göttliche Schöpfung. Du bist nach dem Bild und Gleichnis Gottes gemacht. Glaubst du das? Ich denke, du glaubst es, in einem Teil deiner selbst zumindest, denn wir alle haben ein angeborenes Empfinden der Einzigartigkeit, ein Gefühl dafür, eine besondere Schöpfung zu sein, auch wenn wir es nicht bewußt anerkennen mögen, nicht einmal uns selbst gegenüber.

Du magst dich abwerten, du magst ein geringes Bild von dir selbst haben, weil du in Begriffen dessen denkst, was du nicht bist, statt in Begriffen dessen, was du bist. Du denkst, du seist nicht so gut, wie du sein könntest. Wenn du nur erkennen würdest, wie gut du bist!

Du kannst durch die tagtägliche Anwendung und Praxis der Wahrheitsprinzipien deine Selbstachtung steigern und dir ein neues Selbstbild schaffen. Was bedeutet das? Es bedeutet, den Tenor deines Denkens zu ändern. Es bedeutet zu lernen, dich selbst als ein spirituelles Wesen zu akzeptieren, als einen wichtigen Teil von Gottes Schöpfung, einen wichtigen Teil des Lebens.

Gib es auf, dich selbst als unwürdig anzusehen. Nichts könnte weiter von der Wahrheit entfernt sein! Gott schuf dich; Gott sieht dich als wertvoll an. Als Gottes Kind verdienst du das Beste.

Gib es auf, dich als unzulänglich und unfähig anzusehen. Nichts könnte weiter von der Wahrheit entfernt sein! In deinem göttlichen, deinem gottgeschaffenen Selbst hast du Kräfte und Fähigkeiten, Talente und Potentiale, die du noch nicht einmal angefangen hast, auszudrücken und zu gebrauchen. Gott in dir sagt: „Sei das Selbst, das zu sein du geschaffen wurdest. Bringe das zum Ausdruck, was du geschaffen wurdest auszudrücken."

Wenn du nicht so leicht aufgibst, wenn du dich nicht furchtsam zurückhältst, wenn du deine Talente nicht vergräbst, dann magst du dich selbst, auch wenn du vielleicht noch weit davon entfernt bist, Ziele zu erreichen, die du dir selbst gesteckt hast. Wenn du weißt und in dir fühlst, daß du dein Bestes gibst, dein Bestes tust, dann stellt sich Selbstannahme ein. Selbstachtung und Selbstannahme kommen nicht aufgrund dessen, was jemand anderes zu dir oder über dich sagt, so sehr Worte des Lobes dir auch helfen und dich ermutigen. Sie kommen aus deinem inneren Gefühl über dich selbst.

Gib es auf, dich als ungeliebt anzusehen. Nichts könnte weiter von der Wahrheit entfernt sein! Gott liebt dich mit ewigwährender Liebe, und Gott hat dir eine große Liebesfähigkeit gegeben. Du fühlst dich geliebt, wenn du der Liebe Ausdruck verleihst, die in deinem Herzen ist, und je mehr Liebe du ausdrückst, desto liebevoller sind deine Beziehungen mit anderen, desto mehr Freude empfindest du im Leben.

Gib es auf, dich selbst als von Krankheit oder Mangel behindert anzusehen. Nichts könnte weiter von der Wahrheit entfernt sein! Krankheit, Mangel, Begrenzung irgendeiner Art haben keine Macht über dich. Du bist eins mit dem göttlichen Leben, dem Leben, das heilt und wiederherstellt, dem Leben, das mit Energie erfüllt und erneuert. Du bist eins mit der Substanz Gottes, die nie abnimmt, die stets Fülle in dein Leben und in deine Angelegenheiten strömen läßt. Du kannst gesund, wohlhabend, erfolgreich, frei sein.

Gib es auf zu glauben, du würdest von anderen Leuten zurückgehalten oder unfair oder ungerecht behandelt. Nichts könnte weiter von der Wahrheit entfernt sein! Niemand und nichts kann dich begrenzen oder behindern. Was nach göttlichem Recht dein ist, kann dir nicht vorenthalten werden. Dein eigener Platz, deine eigene besondere Rolle im Leben, kann von niemand anderem ausgefüllt werden. Niemand kann dich zurückhalten, wenn du erkennst, daß Gott in dir immer einen Weg ermöglicht, daß unter Gottes göttlichem Gesetz Ordnung, Harmonie und richtige Bedingungen geschaffen werden.

Gib es auf, dich als unnötig und unwichtig anzusehen. Nichts könnte weiter von der Wahrheit entfernt sein! Als Gottes Kind wirst du gebraucht und bist wichtig in Gottes göttlichem Plan. Du hast etwas zu geben, das nur du geben kannst, du hast Wege, auf die du dienst, die dich nötig machen, du bist ein Ausdruck von Gottes Licht und Liebe, wo du bist.

Gib es auf, dich zu deinen Ungunsten mit anderen zu vergleichen. Gott hat dich als *dich* geschaffen. Du würdest in Wirklichkeit niemand anders sein wollen, wenn du es könntest. Schätze andere, aber schätze auch dich. Schätze all die wundervollen Kräfte und Fähigkeiten, mit denen du geschaffen worden bist, schätze deine innerliche Stärke und Kraft zum Überwinden.

Glaube an dich selbst. Denke daran, wie du durch die Erfahrungen deines Lebens gewachsen bist; denke an das Verständnis und die Einsicht, die du gewonnen hast. Glaube an deine Fähigkeit, mit Schwierigkeiten fertig zu werden. Erkenne und wisse, daß Gott an dich glaubt, daß Gottes Geist des Muts und des Glaubens in dir ist.

Geliebte, jetzt sind wir Gottes Kinder, und noch ist nicht offenbar geworden, was wir sein werden. Wir wissen, daß wir, wenn es offenbar geworden ist, ihm gleich sein werden (I. Joh. 3:2).

Dies ist es, wessen du eingedenk sein mußt, daß du jetzt Gottes Kind bist und daß du wächst, dich entfaltest, lernst, mehr dem göttlichen Muster ähnlich wirst, das in dir ist.

Gott hat dich als *dich* geschaffen. Es ist an dir, das Beste zu sein, was du sein kannst!

Keine Angst vor Schlaflosigkeit

Menschen leiden aus einer Vielzahl von Gründen unter Schlaflosigkeit, aber was auch der Grund sein mag, jeder, der sie erfahren hat, sehnt sich danach, von ihr befreit zu sein. Er sehnt sich nach der Gnade eines nicht unterbrochenen, erholsamen nächtlichen Schlafes.

Manchmal hat Schlaflosigkeit körperliche Ursachen. Manchmal wird sie durch geistige Anspannung oder Sorge verursacht. Aber in jedem Fall ist das, was nötig ist, loslassen zu können, sich entspannen, ausruhen zu können. Schlaf ist etwas, was wir als selbstverständlich hinnehmen – solange wir keine Schwierigkeiten dabei haben zu schlafen! Dann wird er zu einer Angelegenheit von höchster Wichtigkeit.

Diejenigen, die mit Gebet und Bejahungen und ihrer positiven Auswirkung auf Bewußtsein und Körper vertraut sind, versuchen in der Regel sehr angestrengt, Schlaflosigkeit durch diese Methode zu überwinden. Vielleicht haben sie nicht immer Erfolg, *weil* sie es so angestrengt versuchen. Wenn wir nachts nicht schlafen können, sind wir für gewöhnlich in einer besonders wachen und wachsamen Gemütsverfassung. Unser Bejahen der Wahrheit kann in diesem Bewußtseinszustand mit soviel Vorsatz und Intensität durchgeführt werden, daß wir uns wacher machen als je zuvor.

Wenn wir Worte der Wahrheit bejahen, mögen wir diese Worte nicht laut aussprechen, aber selbst unsere unausgesprochenen Worte tragen eine Grundstimmung in sich. Dies mag der Schlüssel sein. Wenn wir ruhelos und wach sind, laßt uns zu unserem Bewußtsein und unserem Körper mit beruhigender, Ruhe übermittelnder Stimme sprechen. Wir sollten zu uns nicht „Sei still!" als Kommando sagen. Wir sollten ruhig, beruhigend, weich zu uns sagen: „Entspanne dich. Entspanne dich. Laß los. Laß Gott übernehmen. Gott hat die Obhut. Alles ist gut." Solche Worte viele Male zu wiederholen, wird uns helfen, uns entspannt zu fühlen. Es ist besser, als Schafe zu zählen!

Wenn wir zulassen, daß wir an Entspannung und Ruhe denken, hilft uns das, unsere Augen zu schließen und zu fühlen, wie wir treiben ... einen Strom heruntertreiben ... auf der Strömung von Gottes Liebe dahintreiben.

Wir können lernen, uns in jedem Teil des Körpers zu entspannen und loszulassen, indem wir gezielt und bewußt zu uns sagen: „Entspanne dich." Dann sollten wir tief durchatmen. „Laß los." Atme tief aus. „Gott hat die Obhut." Atme tief ein. „Alles ist gut." Atme tief aus.

Schlaflosigkeit kann zu einer Gewohnheit werden. Wir fangen an, um zwei Uhr morgens aufzuwachen, und jede Nacht scheint nach dem gleichen Schema abzulaufen. Jede Gewohnheit kann durchbrochen werden. Schlaflosigkeit ist da keine Ausnahme. Der Weg, um eine Gewohnheit zu überwinden, ist, sie durch eine andere zu ersetzen. Ersetze die unerwünschte Gewohnheit durch eine wünschenswerte. Gebundenheit an eine Gewohnheit kommt auch dann, wenn wir sie akzeptieren, wenn wir über sie reden, wenn wir uns ihretwegen hilflos fühlen. Sagen wir nicht zu uns selbst oder zu irgend jemand anderem: „Ich kann einfach nicht schlafen" oder „Ich wache immer um zwei Uhr auf und bleibe bis zur Dämmerung wach". Wir überzeugen damit uns selbst mehr als irgendeinen anderen davon, daß wir uns von der Schlaflosigkeit haben überwinden lassen.

Lange vor der Schlafenszeit – tatsächlich ist es früh morgens nicht zu früh, um damit anzufangen – sollten wir beginnen, die Gewohnheit der Schlaflosigkeit zu ersetzen. Das bedeutet nicht, daß wir früh am Tage anfangen sollten, daran zu denken, daß wir nachts schlafen wollen. Es heißt, daß wir früh am Tage anfangen sollten, in uns ein Gefühl des Vertrauens und des Glaubens an Gott als die liebevolle Gegenwart und Macht in unserem Leben aufzubauen, ein Gefühl des Vertrauens zu Gott als der Heilkraft in unserem Körper, ein Gefühl des Vertrauens zu Gott als der harmonisierenden Macht in unseren Angelegenheiten, ein Gefühl des Vertrauens zu Gott als der Versorgung jedes unserer Bedürfnisse. Es heißt auch, daß wir nicht bis zur Nachtzeit damit warten, loszulassen und Gott in unserem Leben die Kontrolle übernehmen zu lassen. Wir unterdrücken unsere Ängste nicht. Wir schauen sie an; wir sehen sie in ihrer Nichtigkeit, und wir lassen sie los.

Wir sollten nicht entmutigt sein oder aufgeben, falls wir die Gewohnheit der Schlaflosigkeit nicht gleich beim ersten Versuch oder selbst nach vielen Versuchen noch nicht durchbrechen. Wenn wir unserem Bewußtsein und unserem Körper gestattet haben, sich auf ein negatives Schema einzustellen, dann mag es Ausdauer und Praxis im Gebet erfordern, um eine Kehrtwendung zu vollziehen. Aber es ist zu schaffen. Wir sind dazu bestimmt, ein gesundes, glückliches, freies Leben zu leben, und eine gute Nachtruhe ist Teil von Gottes gutem Plan für uns. Denn wie der Psalmist es so schön ausdrückt: *Den Seinen gibt er's im Schlaf*, oder, in einer anderen Lesart: *Er gibt denen, die er liebt, Schlaf* (Psalm 127:2). Wir sind die, die Gott liebt!

Erinnere dich an die Minuten, die zählen

Ein Stundenglas mißt die Zeit nach Minuten. Die meisten von uns denken sich Zeit nicht in Minuten, sondern in Stunden und Tagen, Monaten und Jahren. Aber in einem gewissen Sinne leben wir nur in Minuten. Wenn wir über die Jahre Rückblick halten, erinnern wir nur bestimmte, besondere Minuten; der ganze Rest ist für die Erinnerung verloren.

Ich denke an diese Minuten, an die wir uns als Minuten in der Ewigkeit erinnern, an die Zeiten, in denen wir die Wolken des Zweifels und der Unentschlossenheit durchbrechen, an die Zeiten, in denen wir uns unserer wahren Identität bewußt sind.

Da war die Minute in deinem Leben, in der du die tatsächliche Bedeutung der Gottesvorstellung erkanntest, in der du Gottes Gegenwart verspürtest und Gottes Liebe erfuhrst. Da war die Minute in deinem Leben, in der du Einsicht in ein bestimmtes Problem hattest und eine augenblickliche Lösung wußtest. Da war die Minute in deinem Leben, in der du atemlos vor der Schönheit standest und das ganze Wunder und die ganze Herrlichkeit des Lebens rings um dich pulsieren fühltest. Da war die Minute in deinem Leben, in der du ein solches spontanes Verständnis und eine solche Wertschätzung gegenüber einem anderen Menschen in dir aufsteigen fühltest, daß du nie wieder fähig warst, ihm oder ihr gegenüber intolerant oder nachtragend zu sein.

Wir können mehr Minuten haben, die in unserem Leben zählen, indem wir jede Minute in einem Geist der Liebe, des Glaubens und des Verständnisses leben. Die Jahre werden nicht zählen, der Gedanke an das Alter wird verschwinden; aber unsere Erinnerung an entscheidende Minuten wird immer höher wachsen, unsere Lebensfreude wird zunehmen, wenn wir die Gele-

174

genheit ergreifen, die jede Minute uns bietet, den Geist Gottes auszudrücken.

Über die Autorin

Martha Smock war mehr als 30 Jahre lang Herausgeberin von *Daily Word* (*Das Tägliche Wort*). In dieser Zeit gab sie Millionen von Menschen durch ihr Schreiben und ihre Arbeit in Silent Unity Trost und Beistand.

Martha stammte aus Kansas City, Missouri, und wurde 1913 geboren. Von Geburt an war Martha ein Teil von Unity – ihre Mutter schickte eine Geburtsanzeige an Myrtle Fillmore, natürlich ohne zu wissen, welche Rolle Martha eines Tages in der Unity-Bewegung spielen würde. Martha begann im Alter von zwei Jahren, die Unity-Sonntagsschule zu besuchen, war eine Schülerin von Charles Fillmore und schloß sich als Teenager dem Stab der Mitarbeiter von Unity School of Christianity an. 1944 wurde sie Herausgeberin von *Daily Word*.

Die Zeitschrift war ein wichtiger Teil ihres Lebens, schon ehe sie Herausgeberin wurde. Sie sagte einmal: „Ich beginne jeden Tag zu Hause und bei Unity mit dem *Daily Word.* Unsere Kinder und unsere Enkel wurden damit großgezogen. Am Ende des Monats ist das Exemplar auf dem Küchentisch von Marmelade und Toastkrümeln bedeckt!"

Martha, die eine ordinierte Unity-Geistliche war, war ein beliebtes Mitglied des Mitgliederstabes der Unity School und eine populäre Rednerin auf Freizeiten und Konferenzen. Sie ging am 5. Juli 1984 hinüber.

Das Tägliche Wort (Daily Word) ist die Zeitschrift, der die Autorin dieses Buches, Martha Smock, mehr als 30 Jahre ihres Lebens widmete. Im handlichen Mini-Format ist Das Tägliche Wort ein täglicher Begleiter und eine unerschöpfliche Quelle geistiger Anregungen, aus der schon viele Leser Inspiration und Lebensfreude geschöpft haben.

Die Zeitschrift Daily Word wurde Anfang dieses Jahrhunderts ins Leben gerufen. Weltweit hat sie inzwischen mehr als eine Million Leser. Seit 1946 ist Das Tägliche Wort auch in Deutsch erhältlich. Es erscheint monatlich und kann entweder im Einzelabonnement oder zusammen mit JA – Zeitschrift für dynamische Lebensgestaltung bezogen werden. JA bietet weiterführende Artikel und Literaturhinweise für spirituell interessierte Leser. Beide Zeitschriften sind im Frick Verlag erhältlich.

Auf Wunsch kostenloses Probeheft.

Frick Verlag
Postfach 447
75104 Pforzheim
Tel.:   07231 - 102842
Fax: 07231 - 357744

Eric Butterworth • Im Strom des Lebens

Warum hat man so häufig das Gefühl, am Leben vorbeizugehen, nicht richtig „dabei" zu sein? Wie kann man Versagensängsten, Streß und Beziehungskrisen begegnen und zu innerer Gelassenheit finden? Gibt es einen Weg zu mehr Harmonie im Umgang mit unseren Mitmenschen?

„Im Strom des Lebens" zeigt, wie man die eigene Erfahrungswelt gezielt verändern kann. Ein wichtiges Buch für alle, die nicht in die „Alltagsfalle" gehen, sondern ihr Leben selbst in den Griff bekommen wollen.

Eric Butterworth ist Autor von Hunderten von Essays, Artikeln und zahlreichen Bestsellern. In Amerika ist er zudem bekannt durch eine tägliche Rundfunksendung, die unter dem Titel „Eric Butterworth spricht" seit über 40 Jahren von CBS Radio ausgestrahlt wird.

174 Seiten, große Schrift, ISBN 3-920780-56-6

Jim Rosemergy • Spirituelles Leben im Alltag

Dieses Buch ist ein zuverlässiger und ermutigender Leitfaden, der dem Leser Orientierung auf seiner ganz persönlichen spirituellen Reise bietet. Kurze, einprägsame Meditationen und Übungen für jeden Tag wecken ein Bewußtsein für die bergende göttliche Gegenwart und zeigen einen Weg zur erfolgreichen Bewältigung des Alltags und zu einem erfüllten Leben. – Ein ehrliches und überzeugendes Buch, ein Buch, das für jeden, der sich darauf einläßt, zu einem Freund und täglichen Begleiter werden wird.

Die großzügige Gestaltung macht es möglich, „Spirituelles Leben im Alltag" als eine Art „geistiges Tagebuch" zu benutzen.

„Ich empfehle es wärmstens jedem, der auf einem geistigen Weg ist. "
– Gerald Jampolsky

706 Seiten, große Schrift, ISBN 3-920780-57-4

Myrtle Fillmore • So läßt du dir durch Gott helfen

„Tuberkulose" war gegen Ende des letzten Jahrhunderts noch so gut wie ein Todesurteil. Die junge Lehrerin Myrtle Fillmore beschloß jedoch trotz dieser Diagnose, sich nicht entmutigen zu lassen. Authentische Erfahrungen einer ungewöhnlichen Frau, die durch ihren Glauben Heilung erfuhr und deren Erfolg für viele ein Anlaß zum Umdenken wurde. – Ein Buch mit autobiographischem Charakter aus der Anfangszeit der Neugeistbewegung.

197 Seiten, große Schrift, ISBN 3-920780-54-X

H. E. Cady • Wahrheitslehre

Die Ärztin Dr. Cady gehörte zu den ersten, die Prinzipien des metaphysichen Christentums konsequent auf das eigene Leben anwandten. Ihre praktischen Erkenntnisse gelten bis heute als wegweisend auf diesem Gebiet.

146 Seiten, gebunden mit Schutzumschlag, ISBN 3-920780-09-4

Marcus Bach • Das Wagnis des Wandels

Der Theologe und vergleichende Religionswissenschaftler Marcus Bach setzt sich hier mit dem Phänomen der Konvergenz auseinander – dem gegenwärtig weltweit feststellbaren Zusammenstreben von Wissenschaft, Religion und anderen Bereichen des Lebens. Darin wird zum ersten Male in der Geschichte der Menschheit der zunehmende Trend nach dem Gemeinsamen, nach Einheit sichtbar gemacht. Bach zeigt, daß der Mensch heute an einem Scheideweg steht: Sein Vorstoß und Durchbruch in neue Dimensionen des Denkens und Bewußtseins, des Wissens und schöpferischen Wirkens ist nicht mehr aufzuhalten.

„Dieses erregende Buch ist nicht nur ein Ruf zur Wandlung. Es macht den Reiz der Wandlung bewußt und hilft uns, ihre Chancen zu nützen." (K. O. Schmidt)

110 Seiten, gebunden mit Schutzumschlag, ISBN 3-920780-02-7

Stefan von Jankovich • Schulplanet Erde

Wir kommen nicht von ungefähr in diese Welt – und auch wenn wir sie wieder verlassen, ist nicht „alles zu Ende". Alles in unserem Leben ist sinnvoll, ist Teil eines fortgesetzten Wachstumsprozesses – einer Lebensschule, in der wir beständig weiterlernen, bis wir das Ziel erreichen: die Rückkehr zum göttlichen Ursprung, das Einswerden mit dem Licht.

Stefan von Jankovich ist Autor mehrerer vielbesprochener Bücher, die von der Erfahrung des eigenen klinischen Todes nach einem Verkehrsunfall berichten. Jährlich hält er über 200 Vorträge in mehreren europäischen Ländern. „Schulplanet Erde" faßt seine Lebensphilosophie zusammen.

2 Bde.; 1. Aufl., Bd. I ca. 265 Seiten, ISBN 3-920780-63-9
Bd. II in Vorbereitung (erscheint im Winter '97/98)

J. Sig Paulson • Lasse dein Licht leuchten

„Lasse dein Licht leuchten" ist ein „Führer zur inneren Kirche" und ein Leitfaden zur Entwicklung der inneren Quellen von Liebe, Phantasie, Autorität, Begeisterung und Weisheit – ein Ratgeber, der hilft, die Fähigkeit zur Selbstannahme und zur Annahme der Mitmenschen zu entfalten. Paulson zeigt, warum wir allen Anlaß haben, unser Licht nicht 'unter den Scheffel zu stellen'.

199 Seiten, gebunden mit Schutzumschlag, ISBN 3-920780-41-8

J. Sig Paulson • Wege zur Selbstverwirklichung

Gedanken und Meditationen.

157 Seiten, ISBN 3-920780-50-7

Thomas Webel • Heilen, der vergessene Auftrag Jesu ... und was wir tun können

Die ursprüngliche Botschaft Jesu ist eine Heilslehre, die den ganzheitlichen Menschen in den Mittelpunkt stellt. Das aber ist in der Lehre der Kirche weitgehend in Vergessenheit geraten. Zu oft wird der Aspekt des *liebenden* Gottes, den das Neue Testament betont, außer acht gelassen. – Thomas Webel, Pfarrer, ausgebildeter Psychotherapeut und Meditationslehrer, will mit diesem Buch zeigen, daß die christliche Utopie einer „Gemeinschaft der Heiligen", der heilen und heilenden Menschen, konkrete Wirklichkeit werden kann.

312 Seiten, ISBN 3-920780- 62-0

Emmet Fox • Die Bergpredigt

Dieses Buch zählt längst zu den „Klassikern" des Neuen Denkens christlicher Prägung. Fox erläutert einen der grundlegendsten Texte des Neuen Testaments und zeigt seine zeitlose Aktualität auf: Gerade auch für Menschen von heute kann „Die Bergpredigt" richtungweisend werden für ein neues Verständnis der universalen Lebensgesetze. – Eine Einführung in das metaphysische Christentum.

164 Seiten, große Schrift, ISBN 3-920780-17-5

James Dillet Freeman • Von Zeit und Ewigkeit

Es sind die glückhaften Momente des Daseins, die kleinen und großen Wunder im Alltäglichen, die James Dillet Freeman uns ins Bewußtsein rufen möchte. Freemans Essays sind wie intensive Kurzaufnahmen der Wirklichkeit. Sie lassen sich lesen wie Bildmeditationen – und wecken die Entdeckerfreude des Lesers, sich auch selbst den Dingen seines Alltags wieder mit ursprünglichem, unverstelltem Blick zu nähern.

160 Seiten, ISBN 3-920780-46-9

In Vorbereitung:

Mary-Alice und Richard Jafolla • Die Suche – ein geistiges Abenteuer

Ein Kurs zur Entfaltung der eigenen Spiritualität. Mit begleitendem Arbeitsbuch. 2 Bände. Erscheinungstermin: Herbst 1997